交通领域自动驾驶立法探析

耿蕤 周密 杨涵 ◎ 著

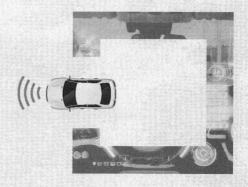

人民交通出版社股份有限公司

北京

内 容 提 要

本书共分7章，在分析全球自动驾驶法规制度发展历程的基础上，结合国内现有的法规制度体系，综合运用行政管理学、法学、制度学等学科的基本原理，提出针对现有道路交通系统法规制度体系的"废改立"建议，以满足我国自动驾驶发展初级阶段的需求。

本书可供交通运输行业管理部门管理人员、自动驾驶科技企业与科研机构的相关从业人员、科研人员以及大专院校的师生参考。

图书在版编目（CIP）数据

交通领域自动驾驶立法探析 / 耿蕊，周密，杨涵著.
—北京：人民交通出版社股份有限公司，2022.12
ISBN 978-7-114-18324-9

Ⅰ.①交… Ⅱ.①耿… ②周… ③杨… Ⅲ.①汽车驾驶—自动驾驶系统—道路交通安全法—立法—研究—中国
Ⅳ.① D922.144

中国版本图书馆 CIP 数据核字（2022）第 206410 号

Jiaotong Lingyu Zidong Jiashi Lifa Tanxi

书　　　名：	交通领域自动驾驶立法探析
著 作 者：	耿　蕊　周　密　杨　涵
责任编辑：	姚　旭
责任校对：	席少楠　卢　弦
责任印制：	刘高彤
出版发行：	人民交通出版社股份有限公司
地　　　址：	（100011）北京市朝阳区安定门外外馆斜街 3 号
网　　　址：	http://www.ccpcl.com.cn
销售电话：	(010)59757973
总 经 销：	人民交通出版社股份有限公司发行部
经　　销：	各地新华书店
印　　　刷：	北京印匠彩色印刷有限公司
开　　　本：	720×960　1/16
印　　　张：	9.5
字　　　数：	128 千
版　　　次：	2022 年 12 月　第 1 版
印　　　次：	2022 年 12 月　第 1 次印刷
书　　　号：	ISBN 978-7-114-18324-9
定　　　价：	75.00 元

（有印刷、装订质量问题的图书，由本公司负责调换）

前言
FOREWORD

面向未来，交通领域将在以人工智能为代表的科技革命推动下不断升级、颠覆、重塑，自动驾驶无疑是对公路交通未来发展影响最为深远的技术方向。据麦肯锡预测，未来5~15年是自动驾驶技术加速成熟和商业化的关键时期。而自动驾驶的快速发展将对公路交通系统的供给能力、道路建设、运输服务、社会效应等方面带来根本性变革，将完全改变交通的治理结构和治理体系。

当前，公路交通运输法规制度体系是基于人类驾驶的交通模式建立的，主要针对人类在驾驶活动中的心理特征、应变能力和行为意志进行管理。而自动驾驶技术的出现，对传统交通运输行业的法规制度体系是一次前所未有的冲击，自动驾驶车辆最终会做到完全由计算机操控，所有针对人类行为特征的法规将不再适用。自动驾驶将弱化现行针对驾驶人员的安全管理体系，转而强化对车辆、道路安全技术的管理，增强对保障车辆安全行驶的信息采集、信息交换、数据安全的管理，也需重新设计自动驾驶事故的"责任认定"规则及交通保险制度等。综上，所有相关的法律、法规、制度都将因从"人工"驾驶改为"自动"驾驶而需要重新设计和规制。

为此，在自动驾驶即将从技术研发转向量产、继而进入运输服务领域的新时期，面对自动驾驶带来的道路交通发展新机遇，亟须构建全新的基于自动驾驶的法规制度体系，确保自动驾驶技术在交通领域顺利落地应用，实现道路运输的范式转移，为加快建设交通强国奠定制度保障。

本书首先厘清自动驾驶发展的基本概念及等级划分，分析自动驾驶对道路交通系统产生的根本性变革。然后，通过对全球自动驾驶发展现状和趋势的研究，认清我国在自动驾驶全球格局中所处的方位，分析我国自动驾驶产业在未来实现跨越式发展中可能遇到的机遇和挑战。再次，本书分析国内外自动驾驶法规制度的发展历程，梳理在自动驾驶发展中关注的问题，以及推动引导自动驾驶发展的举措与政策，然后综合运用行政管理学、法学、制度学等基本原理，研究分析自动驾驶在公路使用、道路通行、运输经营等方面的法律适用性，在此基础上对现有道路交通系统法规制度体系提出"废改立"建议，并探索适应我国法制体系的自动驾驶交通立法路径，提出下一步交通立法政策建议。本书针对自动驾驶从技术研发到试点示范再到商业推广的不同阶段，结合特定应用场景，提出逐步完善落实法规制度体系的措施建议，期望能对明确交通主管部门相关职责、指导自动驾驶行业稳健发展和引导自动驾驶技术顺利落地提供支持。

本书由交通运输部公路科学研究院公路与综合交通发展研究中心编写，图书内容来自本中心近年来开展的多个课题研究成果，包括中央级公益性科研院所基本科研业务费专项资金资助的"自动驾驶发展法规制度框架研究"、交通运输部法制司工作费项目"自动驾驶法律适用性及立法路径研究"、交通强国战略（二期）研究专题五"车路协同自动驾驶战略研究"保障体系与政策法规篇章等。本书还得到了百度、美团、文远知行等多个自动驾驶技术研发和商业化运营企业的支持，在此一并表示感谢。

由于作者水平有限，本书的案例和观点难免存在局限性，敬请广大读者批评指正。希望本书能抛砖引玉，吸引更多的科研人员、行业管理人员及自动驾驶领域从业人员致力于自动驾驶的产品研发与法规制度研究工作，共同推动自动驾驶在交通领域早日实现广泛应用。

作 者

2022年9月

目录 CONTENTS

01 第 1 章 自动驾驶的基本概念和特性

1.1 自动驾驶发展中的概念范畴 ………………………………………… 001

1.2 汽车驾驶自动化的等级划分 ………………………………………… 006

1.3 自动驾驶对交通运输系统的根本性变革 …………………………… 012

02 第 2 章 自动驾驶发展状况

2.1 国际情况 …………………………………………………………… 029

2.2 国内情况 …………………………………………………………… 037

03 第 3 章 自动驾驶相关法规政策

3.1 国际法规政策 ……………………………………………………… 047

3.2 国内法规政策 ……………………………………………………… 053

04 第 4 章 自动驾驶在交通领域的法律适用性

4.1 法律适用性分析框架 ……………………………………………… 065

4.2 公路使用方面法律适用性分析 …………………………………… 068

4.3 道路通行方面法律适用性分析 …………………………………… 075

4.4 运输经营方面法律适用性分析 …………………………………… 081

第 5 章　现有交通法规相关条款完善建议

5.1 《中华人民共和国公路法》 …………………………………… 093
5.2 《公路安全保护条例》 …………………………………………… 097
5.3 《中华人民共和国道路运输条例》 ……………………………… 102
5.4 《中华人民共和国道路交通安全法》 …………………………… 109
5.5 《中华人民共和国道路交通安全法实施条例》 ………………… 115
5.6 《中华人民共和国收费公路管理条例》 ………………………… 123

第 6 章　交通领域自动驾驶立法路径分析

6.1 立法形式对比分析 ……………………………………………… 127
6.2 立法内容对比分析 ……………………………………………… 130
6.3 立法范围对比分析 ……………………………………………… 131

第 7 章　交通领域自动驾驶立法的政策建议

7.1 对立法路径的总体建议 ………………………………………… 135
7.2 对交通法规制修订的具体建议 ………………………………… 137

参考文献 ………………………………………………………………… 145

第 1 章 自动驾驶的基本概念和特性

1.1 自动驾驶发展中的概念范畴

从立法的角度来看，自动驾驶的发展应用首先要面对"自动驾驶究竟是什么"的疑虑，不同语境下所谈论"发展应用"中的"自动驾驶"，可能涉及不同的法律属性与概念。如图 1-1 所示，自动驾驶可能是一种运输工具，是一个"物"；也可能是一种技术路径或者一个系统，通过某种知识产权的运用，实现某种功能或者价值；更可能是一种行为，通过法律上对行为主体、内容和对象的判断，进行行为性质的界定和法律责任的划分；还可能是一种运输服务形式，既可以是向特定主体提供运输服务，也可能是向不特定公众提供运输服务，既可以是为了自我出行的便利，也可能是希望通过提供运输服务赚取利润，而作为服务本身，可能就不再是一个人的行为或者一种行为，而是诸多行为的集合。

在研究自动驾驶时，同样要面对在不同场景下会使用不同的概念，"自动驾驶""辅助驾驶""智能汽车""智能网联汽车""无人驾驶""单车智能""车路协同"，这些概念既相似又存在一定差异，需要在不同的语境下对不同概念的适用对象和范围进行界定，从而对应不同的技术路径、技术等级等。

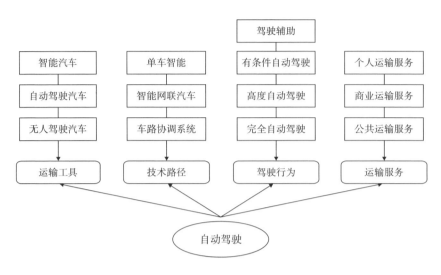

图 1-1 自动驾驶的概念树

1.1.1 作为运输工具的自动驾驶

"自动驾驶"是一个较为宽泛的概念,存在着不同的概念术语和不同的适用情形。第一种情形是作为运输工具的"自动驾驶",属于汽车发展到现阶段产生的一种新类型产品,在法律属性上是一种"物",在这个范畴使用"智能汽车"的概念较多,也有使用"无人驾驶汽车""自动驾驶汽车"等。2020年2月,国家发展改革委等11部委联合印发《智能汽车创新发展战略》(发改产业〔2020〕202号)中将智能汽车概念界定为通过搭载先进传感器等装置,运用人工智能等新技术,具有自动驾驶功能,逐步成为智能移动空间和应用终端的新一代汽车。该文件同时指出,智能汽车通常又称为智能网联汽车、自动驾驶汽车等。

也有观点认为,不同概念代表的技术水平存在差异,无人驾驶汽车是指完全排除人类当时当地控制的汽车,即L5级;自动驾驶汽车是一个居中的概念,是指能够进行自动化操作的汽车,它摆脱了自动化功能仅实施辅助性驾驶的限制,既包括无人驾驶汽车,还包括那些没完全排除人的控制行为的汽车,即L3~L5

级，人类驾驶人在某些情境下仍然要对汽车实施控制的汽车；而智能汽车除了包括自动驾驶汽车之外，还包括那些具有一部分智能化特征以辅助人类驾驶的汽车，即 L1~L5 级。

1.1.2 作为技术路径的自动驾驶

由于技术路径选择上的差异，或者描述技术方案时侧重点的不同，往往会使用诸如"单车智能""智能网联汽车""车路协同"等概念。首先，不同概念与"自动驾驶"的关系是，自动驾驶是一种现象，或者最终的结果，而技术路径相关概念描述的是实现自动驾驶的方式。其次，不同概念的差异主要表现在"单车智能"路径下侧重于强调车辆本身的智能化，以此实现不同等级的自动驾驶功能，其对道路、交通标志、车辆网络系统等的智能化水平要求相对较低，当前商业化测试应用场景下较多采取该模式。

智能网联汽车（Intelligent Connected Vehicle，ICV），是指车联网与智能车的有机联合，是搭载先进的车载传感器、控制器、执行器等装置，并融合现代通信与网络技术，实现车与人、车、路、后台等智能信息交换共享，实现安全、舒适、节能、高效行驶，并最终可替代人来操作的新一代汽车。车联网（Internet of Vehicles）是由车辆位置、速度和路线等信息构成的巨大交互网络。通过全球定位系统（Global Positioning System，GPS）、射频识别（Radio Frequency Identification，RFID）、传感器、摄像头图像处理等装置，车辆可以完成自身环境和状态信息的采集；通过互联网技术，所有的车辆可以将自身的各种信息传输汇聚到中央处理器；通过计算机技术，这些大量的车辆信息可以被分析和处理，从而计算出不同车辆的最佳路线，及时汇报路况和安排信号灯周期。智能网联汽车作为一种技术路径的描述，侧重于车与车直接的信息交互，以此实现运输工具间的协同效应。

智能车路协同系统（Intelligent Vehicle Infrastructure Cooperative Systems，IVICS，简称车路协同系统）是采用先进的无线通信和新一代互联网等技术，全方位实施车车、车路动态实时信息交互，并在全时空动态交通信息采集与融合的基础上开展车辆主动安全控制和道路协同管理，充分实现人、车、路的有效协同，保证交通安全，提高通行效率，从而形成的安全、高效和环保的道路交通系统。在使用"车路协同"概念时，往往更多地强调一种综合性、智能化的交通系统，实现了车辆与智能交通基础设施间的信息交互和协同控制管理，是技术发展最为理想的终极状态。

1.1.3　作为驾驶行为的自动驾驶

在法律语境下研究分析自动驾驶的法律责任时，所使用的"自动驾驶"概念，主要是作为一种法律上的行为，基于谁实施了这种驾驶或控制行为，判定相关主体承担民事或者刑事责任。关于自动驾驶究竟是谁实施的驾驶，存在不同的观点，也需要区分不同的技术等级。第一种观点是赋予自动驾驶车辆或者系统一种新的法律人格，通过类似法人的法律拟制方式，认定是自动驾驶车辆或者系统实施驾驶行为，我国现有研究更多强调对车辆赋予某种人格，而美国在2016年1.0版本的《自动驾驶汽车政策指南》中就明确L3~L5级是系统应被赋予某种人格，系统就是车辆的驾驶人。第二种观点是驾驶人基于驾驶行为，仍是自动驾驶的实施主体，这种观点只适用L1~L4级，其中在L1~L2级驾驶人仍应保持完全的注意义务，L3~L4级驾驶人的注意义务减弱，驾驶时的控制权也被分享。第三种观点是自动驾驶基于某种控制行为，车辆制造商、软件算法设计者、系统平台运营者等，在一定程度上都保留或实施了某种控制。因此，自动驾驶并非完全意义上的自动的驾驶，而是转移了驾驶人控制权后的被协同实施的驾驶行为。

1.1.4 作为运输服务的自动驾驶

自动驾驶汽车作为运输工具提供了不同形式的运输服务，因此，广义范围的"自动驾驶"概念也包含了以某种形式提供运输服务。就运输服务的对象而言，自动驾驶服务可以区分为载人或载物；就运输服务的方式而言，一种观点是要区分个人使用或公共使用，而德国学者也提出应区别个人运输服务、商业运输服务和公共运输服务，其不同类型对于法律责任认定和监管要求都存在差异。

自动驾驶的个人运输服务，强调所有权或使用权的独占性，以及实施的不是某种营利性的经营活动，比如以自有或者租赁的自动驾驶汽车搬家、接送孩子上下学等；自动驾驶的商业运输服务，强调运输本身是一种商业性活动，同时又不对公众提供公共服务，比如自动驾驶货运、无人配送以及某种零散的包车自动驾驶客运或者共享出行；自动驾驶的公共运输服务，应考虑三种形式，其一是自动驾驶车辆应用于传统的公共出行服务，比如自动驾驶公交车、自动驾驶班线客运、自动驾驶出租汽车；其二是某种形式的自动驾驶共享出行服务或者分时租赁服务，当规模扩大到一定程度，成为出行所必需的选择时，也构成公共运输服务；其三是在突发事件应对等情形下的保障性自动驾驶货物运输，也属于公共运输服务。自动驾驶运输服务类型见表 1-1。

自动驾驶运输服务类型　　　　　　　　表 1-1

个人 运输服务	使用自有或租赁自动驾驶车辆搬家
	使用自有或租赁车辆接送亲友
商业 运输服务	自动驾驶公路货运
	无人配送
	零散的自动驾驶包车客运或者共享出行

续上表

公共运输服务	自动驾驶班线客运
	自动驾驶城市公交车
	自动驾驶出租汽车
	大规模自动驾驶共享出行或分时租赁
	突发事件下的自动驾驶应急货运

1.2 汽车驾驶自动化的等级划分

1.2.1 国外汽车驾驶自动化分级情况

近年来，国际及主要汽车产业国家和地区的标准法规组织广泛开展了针对汽车驾驶自动化分级的研究。

（1）美国高速公路安全管理局（NHTSA）在 2013 年率先提出将汽车驾驶自动化分为无自动化、特定功能自动化、组合功能自动化、有条件自动化和完全自动化共 5 个等级。

（2）德国联邦交通研究所（BASt），将汽车驾驶自动化分为仅驾驶人驾驶、辅助驾驶、部分自动驾驶、高度自动驾驶以及完全自动驾驶共 5 个等级。

（3）国际标准化组织（ISO）与美国汽车工程师学会（SAE）组成国际标准联合起草组，正在制定《道路机动车辆驾驶自动化系统相关术语的分级和定义》ISO 22736，已完成 FDIS 投票，并于 2021 年发布。

> （4）联合国世界车辆法规协调论坛（UN/WP.29）于 2019 年专门就驾驶自动化分级的法规制定原则展开讨论，确定了区分驾驶辅助和自动驾驶制定相关国际技术法规的方案。

SAE 发布的 SAE J3016 标准是国际上影响最大、应用最广泛的分级标准，提出了 0~5 级分类法，将汽车驾驶自动化分为从无驾驶自动化（0 级）直至完全驾驶自动化（5 级）在内的 6 个等级。SAE J3016 已发布了 4 个版本：2014 年版首次提出 0~5 级分类框架和原则，2016 年版主要增加设计运行范围（ODD）定义并具体说明动态驾驶任务（DDT）等内容，2018 年版和 2021 年版主要完善术语描述并对标准使用中的常见问题进行解释说明（表 1-2）。

国际自动机工程师学会 SAE J3016 自动驾驶分级　　　表 1-2

SEA 等级	名称	定义陈述	转向/加速/减速的执行	驾驶环境监测	动态驾驶任务的切换	系统能力（驾驶模式）
人类驾驶人监控行驶环境						
0	不智能	即使在增强警告或干预系统启动的情况下，仍由驾驶人控制所有任务	人类驾驶人	人类驾驶人	人类驾驶人	无
1	驾驶辅助	单一驾驶辅助系统，根据驾驶环境执行转向或加速/减速，此外的动态驾驶功能由驾驶人完成	人类驾驶人和系统	人类驾驶人	人类驾驶人	某些驾驶模式
2	半智能	单一或多驾驶辅助系统，根据驾驶环境执行转向或加速/减速，此外的动态驾驶功能由驾驶人完成	系统	人类驾驶人	人类驾驶人	某些驾驶模式

续上表

SEA等级	名称	定义陈述	转向/加速/减速的执行	驾驶环境监测	动态驾驶任务的切换	系统能力(驾驶模式)
智能系统监控行驶环境							
3	条件智能	驾驶辅助系统可操作各种动态驾驶任务，只需要人类驾驶人作出适当的指令和回应	系统	系统	人类驾驶人	某些驾驶模式
4	高度智能	即便人类驾驶人没有作出适当的指令和回应，驾驶辅助系统仍可执行各种动态驾驶任务	系统	系统	系统	某些驾驶模式
5	完全智能	全路况全方面地代替人类驾驶人执行各种驾驶任务	系统	系统	系统	全驾驶模式

SAE J3016 有关驾驶自动化分级的概念一经提出，便引起各方关注，且被包括我国在内的全球汽车产业广泛应用。然而，由于 SAE J3016 基于国外技术及产业实践制定，造成了我国汽车行业对于分级的理解不准确、定义不统一、应用不规范，在一些文件中使用的分级概念甚至与其参考标准的制定初衷存在较大差异，给政府行业管理、企业产品开发及宣传、消费者认知及使用等带来了不便。

1.2.2　国家标准《汽车驾驶自动化分级》（GB/T 40429-2021）

2021 年 8 月 20 日，由工业和信息化部提出、全国汽车标准化技术委员会归口管理的《汽车驾驶自动化分级》（GB/T 40429—2021）推荐性国家标准由国家市场监督管理总局、国家标准化管理委员会批准发布（国家标准公告 2021 年第 11 号），于 2022 年 3 月 1 日起实施。

标准基于驾驶自动化系统能够执行动态驾驶任务的程度，根据在执行动态驾驶任务中的角色分配以及有无设计运行范围限制，将汽车驾驶自动化分成 0~5 级。在 6 个等级之中，0~2 级为驾驶辅助，系统辅助人类执行动态驾驶任务，驾驶主体仍为驾驶人；3~5 级为自动驾驶，系统在设计运行条件下代替人类执行动态驾驶任务，当功能激活时，驾驶主体是系统，见表 1-3。

我国国家标准中驾驶自动化等级与划分要素关系　　表 1-3

分级	名称	持续的车辆横向和纵向运动控制	目标和事件探测与响应	动态驾驶任务后援	设计运行范围
0 级	应急辅助	驾驶人	驾驶人及系统	驾驶人	有限制
1 级	部分驾驶辅助	驾驶人和系统	驾驶人及系统	驾驶人	有限制
2 级	组合驾驶辅助	系统	驾驶人及系统	驾驶人	有限制
3 级	有条件自动驾驶	系统	系统	动态驾驶任务后援用户（执行接管后成为驾驶人）	有限制
4 级	高度自动驾驶	系统	系统	系统	有限制
5 级	完全自动驾驶	系统	系统	系统	有限制

注：排除商业和法规因素等限制。

（1）0 级驾驶自动化（emergency assistance，应急辅助）系统不能持续执行动态驾驶任务中的车辆横向或纵向运动控制，但具备持续执行动态驾驶任务中的部分目标和事件探测与响应的能力。

（2）1级驾驶自动化（partial driver assistance，部分驾驶辅助）系统在其设计运行条件下持续地执行动态驾驶任务中的车辆横向或纵向运动控制，且具备与所执行的车辆横向或纵向运动控制相适应的部分目标和事件探测与响应的能力。

（3）2级驾驶自动化（combined driver assistance，组合驾驶辅助）系统在其设计运行条件下持续地执行动态驾驶任务中的车辆横向和纵向运动控制，且具备与所执行的车辆横向和纵向运动控制相适应的部分目标和事件探测与响应的能力。

（4）3级驾驶自动化（conditionally automated driving，有条件自动驾驶）系统在其设计运行条件下持续地执行全部动态驾驶任务。

（5）4级驾驶自动化（highly automated driving，高度自动驾驶）系统在其设计运行条件下持续地执行全部动态驾驶任务并自动执行最小风险策略。

（6）5级驾驶自动化（fully automated driving，完全自动驾驶）系统在任何可行驶条件下持续地执行全部动态驾驶任务并自动执行最小风险策略。

1.2.3　国家标准与 SAE 标准的比较

为便于描述人和系统在不同驾驶自动化级别中的动态驾驶任务及责任关系，SAE J3016 不仅界定了系统需要承担的动态驾驶任务，也对人类需要承担的任务和责任作了相应规定。国家标准《汽车驾驶自动化分级》（GB/T 40429－2021）则以汽车及其驾驶自动化系统为标准化对象，并未照搬 SAE J3016 在对汽车及驾驶自动化系统的功能、任务界定，同时也对人提出相应要求的模式，因此，国家标准 GB/T 40429－2021 在界定驾驶自动化级别时，只将系统需要承担的动态驾驶任务和责任纳入规范性要素予以规定，并与此对应将"人和系统的责任划分"以及"对人的要求"的相关内容均转化为注和资料性附录,既保证了标准支撑专业技术开发及应用的规范性,又为消费者等非专业技术人员理解本标准提供了帮助。

在驾驶自动化分级中,SAE J3016 纳入"无自动化"并定义为 0 级,存在逻辑上的争议;同时,其纳入 0 级范畴的前方碰撞预警(Forward Collision Warning,FCW)、自动紧急制动(Autonomous Emergency Braking,AEB)、车道偏离预警(Lane Departure Warning,LDW)等均具有一定"自动化"属性且多应用于安全应急场景。国家标准将 0 级命名为"应急辅助"并要求其至少有目标或事件探测能力,可兼具非持续性控制,既符合技术实际,又解决了分级逻辑上的争议问题。

SAE J3016 将 2 级命名为"部分驾驶自动化",但划归"驾驶辅助"范畴,容易造成理解和认知上的混淆。国家标准将 2 级命名由"部分驾驶自动化"修改规范为"组合驾驶辅助"从级别名称上就明确强调 2 级驾驶自动化属于"驾驶辅助"范畴,划清与自动驾驶的界限,避免产生误解与误用,同时,准确对应了 2 级驾驶自动化功能兼具横纵向组合控制的特征。

1.2.4　国家标准认定的用户和系统角色

国家标准分别就不同等级和处于车辆不同位置的用户界定了其身份角色属性,并就不同角色用户提出了认定标准和行为指南,为确定不同类型等级自动驾驶中的法律行为和责任认定提供了参考价值。其中,在 L3 级有条件自动驾驶中较为特殊,无论是车内驾驶座位上人员、车内其他人员还是车外人员,都被视为等待接受驾驶人任务的预备控制人员。而 L0~L2 级中只有在驾驶座位上的人员才是传统的驾驶人,车内其他人员只是起到远程辅助驾驶人的功能。在 L4 和 L5 级中车内的所有人员都只是乘客,只有车外的远程调度员,才是车辆实际的控制者(表 1-4)。

国家标准对不同技术等级中的自动驾驶系统角色　　　表 1-4

用户	用户的角色（驾驶自动化系统激活）					
	0 级	1 级	2 级	3 级	4 级	5 级
在驾驶座位的用户		传统驾驶人		动态驾驶任务后援用户	乘客	
不在驾驶座位的车内用户		远程驾驶人				
车外用户		远程驾驶人				

注：具备 4 级或 5 级驾驶自动化功能的车辆也可装备驾驶座位。

1.3　自动驾驶对交通运输系统的根本性变革

1.3.1　基于人类驾驶的交通系统设计

现行道路交通工程的设计理论均是基于"人"的特性而设计的，即人因设计理论。人因包括心理层面和生理层面。心理层面是指用路人面对周遭环境和道路信息时的意识、感应、认知能力以及后续产生的一系列反应与相关行为。生理层面则是指正常人的身体本能，例如体力、视力、动作反应能力等，这与年龄、性别等都有极大关系。图 1-2 所示为现有驾驶行为机理。

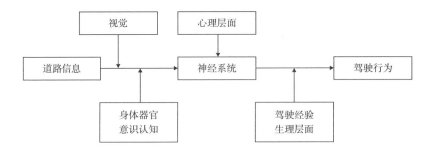

图 1-2　现有驾驶行为机理

驾驶人从获知道路信息直至其做出驾驶行为的历程，心理与生理层面于瞬间同时作为，不可完全分割。道路交通工程规划设计的前置条件是"人"的心理、生理、感应知觉的能力与特性等各种先天条件限制。

1）视觉限制

生理方面，视觉对道路使用者（含驾驶人）的交通行为影响最普遍也最深入，主要因为85%~90%的交通控制设施都是利用视觉将信息传输给道路使用者。依据人类视觉原理，结合图1-3可知，人类视觉的先天条件限制如下：

（1）道路使用者集中注视目标时，视物的清晰度（即视觉敏锐度）在视觉圆锥角3°~5°范围内最清晰。

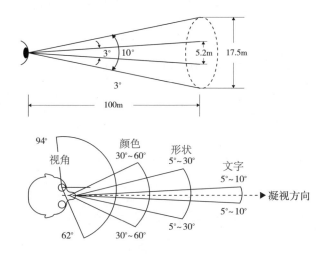

图1-3　人类驾驶时的视觉限制示意图

（2）视觉圆锥角越大则视野越大，但能明确辨认信息的能力越差。视觉圆锥角在10°~12°范围内时，虽仍可以看到路外目标物，但其清晰度已明显下降。因此，道路交通设计相关规范都会严格要求交通控制设施应布设于驾驶人10°视觉圆锥角之内，如路侧标志与交通信号灯的布设位置。

（3）人在静止与运动状态中的视觉能力有明显区别，静止时最佳，运动速度越快则越差。

（4）行车间距小时，因前车遮挡，视觉范围易被压缩。

（5）周边视界、边缘视野，即看单一物件与同时看多样物件的广度，从长度方向而言，驾驶人静止时能清楚辨认目标物的距离极限为180~200m，当车速提高时则随之减小。

（6）顾盼时间是驾驶人为了认清周遭环境，在驾驶过程中头部左右移转调整明视时（在明亮的地方，视细胞中只有视锥细胞起作用，在这种状态看物体时称为明视）所需的时间为0.5~1.26s。

（7）视觉深需，即道路使用者预估对向来车远近的能力，例如双车道超车、行人穿越道路时需利用视觉深度判断远处来车距离。

（8）闪光恢复，当道路使用者由暗处至亮处或由亮处至暗处，为适应视觉明暗变化，瞳孔收缩或放大所需时间一般为2~4s。因此，一般会采取一定措施以减轻或消除驾驶人闪光恢复的视觉负荷。

（9）辨色能力，其对道路使用者的交通行为影响不大，只要能辨识亮度即可，不过建议色盲患者出行应更加谨慎。

（10）视力衰退，人的视力会随年龄增大而衰退，道路交通工程规划设计时，应对年长者（一般指超过65岁）进行特殊考虑。

2）反应时间限制

依据2020年出版的 *Human Factors Guidelines for Road Systems: Second Edition*，驾驶人视觉运作所需时间（单位为秒，s）如下：

（1）眼睛定视某物：0.2~0.35s。

（2）头部左转目视某物：1.3~1.5s。

（3）头部右转目视某物：1.0~1.2s。

（4）目视多信息中某一信息：1~2s。

（5）目视车辆后视镜：中央后视镜 0.8~0.9s；左侧后视镜 0.9~1.0s。

（6）判读标志：小型标志 1.0~1.5s；多行字标志每行 1.0s。

上述各单项反应时间看似都极为短暂，但"人"无法一心二用，一次只能处理一件事，需要一段单独的时间来接收一条信息。当驾驶人必须接收、认知的信息量过多时，累积需要的时间可能长达 4~6s，甚至更长，然而车辆也同时能行进一段较长距离。

人类驾驶人的反应时间限制示意图如图 1-4 所示。

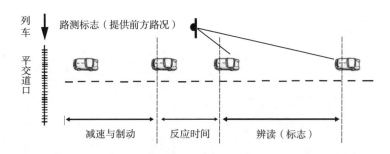

图 1-4　人类驾驶人的反应时间限制示意图

3）心理因素

人在彷徨、犹豫不决的处境时，都可能思绪不稳、逻辑思考紊乱，导致判断不准确，无法作出最佳决策，甚至可能作出错误决定。驾驶彷徨，是指驾驶人遇到眼前状况而出现彷徨、犹豫、短暂性不知所措或陷入思考导致行为迟钝与紊乱。

从驾驶任务及人因理论来说，驾驶彷徨的情况可作如下细分。

（1）黄灯彷徨（Yellow Light Dilemma）：驾驶人行进过程中遇到交通信号灯为黄灯，难以决定是要快速通过路口还是在停止线前停车，如图 1-5 所示。

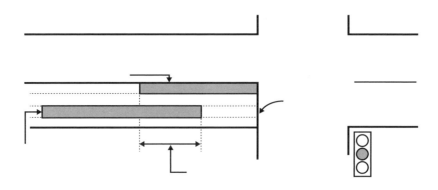

图 1-5　人类驾驶时的黄灯彷徨区间示意图

（2）信号指令彷徨（Signal Dilemma）：驾驶人看到交通信号灯显示指令时，对通行路权归属或可行进流线彷徨。如图 1-6 所示，驾驶人看到此交通信号灯，容易彷徨，无法判断是否可以右转。

图 1-6　典型的信号灯彷徨状况

（3）标线彷徨（Marking Dilemma）：路面标线令驾驶人对通行路权产生短暂彷徨。图 1-7 所示是此类典型案例。

图 1-7　典型的标线彷徨状况

（4）标志彷徨（Sign Dilemma）：标志内容不清晰、含义模糊，驾驶人即使能看清楚也无法判断标志内容意义。驾驶人遇到此类情况，可能会无意中作出错误决策，进而陷入安全隐患中。图 1-8 即为典型的标志彷徨状况。

图 1-8　典型的标志彷徨状况

（5）道德彷徨（Ethical Dilemma）：驾驶人在行进过程中，可能面对"顾此则失彼"的双重窘境，此时面临彷徨心境，决策过程必定紊乱。例如下山时遇到车辆制动明显失灵，而右侧岩壁凸出，左侧为悬崖，此时驾驶人只能采取二选一策略，作出损伤较小的决策，但可能因时间短暂而错失先机。

（6）分心彷徨（Distracted Dilemma）：指驾驶人在车辆行进过程中，由于某些因素，可能是外在环境，也可能是驾驶人自身原因，导致驾驶人迷惘或彷徨，精神不能完全集中在驾驶行为上，致使驾驶任务产生瑕疵，例如未能合理操控车速、未遵守交通控制设施指示等，这样等同于陷入安全隐患之中。严格来说，分心彷徨是分心驾驶中的一种现象。

（7）视距彷徨（Sight Distance Dilemma）：驾驶人目视前方，无法及时判定视距而产生短暂彷徨。

（8）纵坡彷徨（Grade Dilemma）：遇到长距离下坡路段，驾驶人无法正确判断前方纵坡改变情况而产生彷徨现象。图1-9为典型的纵坡彷徨现象。

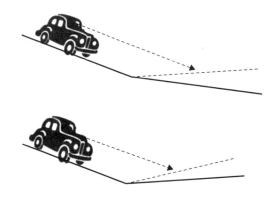

图1-9　典型的纵坡彷徨现象

驾驶彷徨是人因理论在道路交通工程设计中应重点考虑的，驾驶彷徨等同于存在安全隐患，所有人都可能面临此类风险。尤其应该注意的是，驾驶人在行进过程中，可能同时面对两种或以上的彷徨状况。

吸睛效应（Eye-Catching Effect）：指驾驶人面对多重信息时，较为突显或鲜明的信息会造成驾驶人对其他信息的疏忽。图1-10所示为此类典型现象，即字体极大的发光字会格外吸引驾驶人注意力。因为"吸睛效应"而导致事故的实例数不胜数，因此，道路交通工程规划设计者应深入了解此类情况，尤其面对异常天气情况或夜间时更应注意。

图 1-10　典型的吸睛效应

以上"人"的相关特性就是构建现有交通运输系统的安全底线，决定了道路的平纵横几何线形、交通标识、车辆设计最高限速、车辆管理制度、交通安全管理规则、交通运输服务方式及管理制度等。

然而，倘若将驾驶任务交给自动驾驶系统，除了上述"人"的各种生理、心理特征被激光雷达、大数据算法等替代之外，驾驶行为差别还体现在以下几方面。

（1）驾驶的稳定性。

驾驶人：会受到疲劳驾驶、酒驾或毒驾、服药反应、疾病发作、受到精神刺激等方面的影响；

自动驾驶系统：不受上述影响。

（2）驾驶习惯。

驾驶人：部分驾驶人有超速、随意变道、吸烟等不良的驾驶习惯；

自动驾驶系统：由系统开发者来设定其行为。

（3）路线规划。

驾驶人：手动确认；

自动驾驶系统：可以自动确认。

（4）车况监控。

驾驶人：对驾驶人经验的依赖程度较大；

自动驾驶系统：实时监控车辆的运行状态，由系统自动判断是否存在安全隐患，降低车辆故障概率，甚至减小发生交通事故的可能性。

从上述的比较结果来看，理论上，自动驾驶系统较驾驶人存在较大优势，但考虑到目前自动驾驶系统受到数据传输效率、数据存储、数据处理速度、传感器的灵敏度等方面的制约，在未来的一段时间里，还有很多难点需要攻克，才能逐渐彰显出优势。

目前，以人类驾驶人为核心的既有监管政策，没有完全考虑不断增多的辅助或自动驾驶系统的独特差别。因此，自动驾驶系统的发展要求以新的方式审视驾驶活动的本质。而其发展不该因不适用于新技术的过时的安全要求而受到阻碍。不需要驾驶人控制的自动驾驶系统意味着现在与人类操作相关的汽车功能可能变得不必要或不实际。健全的监管政策应当审查对于完全的自动驾驶汽车而言哪些强制性要求已经不再相关。比如，针对人类驾驶人的控制、显示、驾驶位、后视镜等可能变得多余，因而也不再需要受制于安全标准。

1.3.2 自动驾驶对道路设施的变革表征分析

自动驾驶汽车对道路系统的要求将发生根本性变化。自动驾驶可以用更灵活的技术手段克服离心力的作用，如在四级公路上也能以 120km/h 的速度安全平稳行驶，这将颠覆目前以"人的感知"为基础的道路设计理论基础。自动驾驶对道路线形要求将降低，道路的供给总规模需求将减少，但在对道路、对车辆提供信息感知以及自我感知维护方面将提出更高要求。此外，公路基础设施将全面实现数字化，基本形成满足自动驾驶的车路协同体系。

1.3.3 自动驾驶对运载工具的变革表征分析

1）对车辆设计

当汽车不再需要驾驶人后，汽车内部的某些设施将逐步被取消，比如转向盘、加速踏板、操纵台仪表板等。

汽车外观设计将更加开放灵活，如格栅设计，设计师们可自由地构建其外观设计。此外，设计师们更倾向于在该位置配置 LED（Light Emitted Diode，发光二极管）显示屏，更方便车辆与外部世界的沟通。

从长远看，当完全自动驾驶车辆上路后，交通事故将大幅减少乃至绝迹，汽车生产企业将探索采用轻量化材料及廉价材料造车。该举措将大幅减少车辆对环境的不利影响，并节省造成所需的资源及车辆的油耗。设计师们将重心放在提升乘客舒适度及车辆的通用性上，为用户提供更多的座舱空间并提供大量的定制化汽车内饰。

2）对车辆功能

车辆将变成"行驶的智能手机"，利用 5G（第五代移动通信技术）网络为用户提供人工智能助理。该服务可自动在车载屏幕上播放电话视频会议，无须驾驶人采取操作干预。人工智能助理还能参考用户的使用习惯及相关记录，为用户自动规划回家的行程。当用户进入车辆后，将全程提供相关服务。

3）建筑装备

道路施工和维修工程所需的设施设备最终将由机器人和无人车辆承担，相关工程操作、管理等职业将消失。例如：

（1）起重机操作员；

（2）压路机操作员；

（3）渣土搬运工；

（4）挖掘机操作员；

（5）水泥搅拌运输车操作员。

1.3.4　自动驾驶对运输服务供给模式的变革表征分析

1）职业驾驶员将逐渐消失

各种各样的驾驶员是当今的普遍职业之一。自动驾驶汽车走上公共道路，无疑将会对公交、出租汽车、货运车辆以及其他职业驾驶员形成直接冲击，在今后十几年中，市场将会逐步减少对职业驾驶员的需求，直至淘汰。职业驾驶员主要包括以下几类：

（1）巡游出租汽车驾驶员；

（2）网约预约出租汽车驾驶员；

（3）公交车驾驶员；

（4）货运驾驶员；

（5）快递配送员；

（6）代驾人员；

（7）特种车辆（叉车、洒水车、消防车、救护车、垃圾车、环卫车等）驾驶员。

2）其他面向大众的车辆后服务业态、职业和管理职能将逐渐消失

随着自动驾驶汽车应用在交通运输领域逐步扩大，公众逐渐从拥有汽车转变为共享汽车，大部分依托交通运输面向大众的车辆后服务业态、职业和管理职能也将逐步消失。比如：

（1）驾驶培训机构、驾校教练、驾考考官；

（2）驾车许可和车辆注册人员；

（3）汽车销售、销售人员、销售客户经理、贷款承销商；

（4）面向个人的保险代理人、报销理赔、保险客服等；

（5）汽车维修店、道路救援、洗车店等；

（6）加油站、零部件店；

（7）汽车尾气排放检测等；

（8）道路停车场、停车管理和服务。

3）新兴职业、业态

新兴职业主要包括以下几类：

（1）即时出行（物流）服务公司人员；

（2）运行调度管理人员；

（3）网络安全管理人员；

（4）数据分析师；

（5）服务功能整合提升策划人员（商业化运作）；

（6）汽车综合性能检测及分析师。

汽车维修行业也会受到影响，未来自动驾驶汽车配备智能驾驶，驾驶习惯更为良好，交通事故率下降，同时汽车自查自检软件功能使得不再需要汽车维修人员详细检查，这些都会使得从事汽车维修行业人员大量减少。

除了系统故障和人为意外，自动驾驶汽车的普及将会使得交通违法行为趋于零，自然也就不需要很多管理者去追查超速等违法行为和指挥交通等。

自动驾驶汽车上路，将会产生新的管理系统职业，去不断优化系统，提高代替人的自动驾驶汽车服务质量。

4）出行方式

对于用户而言，汽车不再是商品而仅是服务，无须拥有只需使用。自动驾驶将可以提供全天候门到门预约服务，而无须考虑驾驶员8h工作制，防止出现疲劳驾驶等问题。城市私人小客车出行比例快速下降，自动驾驶公共交通成为主流，基于自动驾驶的私人预约定制出行比例迅速增加。由于自动驾驶将解放人们的注意力，人们在车上也可以继续工作，或是享受各种休闲娱乐。

5）货运方式

基于自动驾驶的箱式化、专业化汽车列车成为干线公路运输的主要形式。

基于信息平台和大数据处理、以自动驾驶为主、无人机为补偿的共同配送模式将成为城市配送主要方式。

6）运输服务提供商

自动驾驶汽车制造商、信息科技公司、综合服务整合平台等成为主要的公路和城市道路客运服务提供商，传统运输企业将被提供出行解决方案的科技企业和汽车生产企业所替代。

7）服务方式

运输服务品牌将持续推出更多的汽车订阅服务，满足用户的按需用车需求。消费者可从汽车生产企业处购买相关的汽车订阅服务包，根据需求租用不同的车型。

用户还将创建个人档案，涵盖了用户的车型偏好，其订阅的车辆还将提供定制化的座椅、内饰温度及车载信息娱乐功能选项。汽车生产企业所提供的订阅服务将提供不同的租赁车型，并为用户的行程给出车型选择的建议。从某种角度看，自动驾驶车辆也将加盟车辆订阅服务领域。

8）用户感受

用户乘坐自动驾驶车辆的感受也将发生巨大变化。普遍的路怒症将不治而愈，人们将不会再为考驾驶证、驾车迷路、违章、剐蹭、车辆失窃等事情烦心。取而代之的是自动驾驶带来的在安全性、舒适性和便捷性等方面极大提高的出行服务，出行兼具时尚、休闲、健康的品质，并与其他新型消费深度融合。

1.3.5 自动驾驶对交通运输行业管理的变革表征分析

自动驾驶的落地推广需要道路设施、载运工具、互联网技术、通信平台等多领域的紧密合作，将涉及大量的资金投入，可能会形成超大型跨领域的企业联盟。此外，随着互联网技术、通信技术的引入，交通运输行业将面临大量涉及用户隐私、数据安全、数据产权的问题，也将形成人才缺口。为此，该部分主要从投融资模式、企业监管、数据管理、人员培训等方面分析自动驾驶对交通运输行业管理的变革表征。

1）对交通安全的管理

传统对交通安全管理的方式方法将逐渐消失，比如对酒驾、疲劳驾驶、超速等的管理。

消除人类失误并不意味着就不会产生与计算机、传感器和软件相关的失误。机器人、自动化系统取得了显著进步，但在很多方面依然达不到人类的操作水平。

自动驾驶系统的安全性依赖于大量的专门软件、传感器、控制器、执行器等共同无失误地执行驾驶操作。但当前自动驾驶技术尚在发展初期，人工智能算法、传感器、数字地图、网络传输等有待进一步发展，就像人类驾驶人一样，自动驾驶系统也可能出现失误，诸如识别失误、决策失误、行为失误等。

因此，在当前自动驾驶系统的安全性还没有得到充分的验证的情况下，自动驾驶汽车依然会发生交通事故，尤其是在自动驾驶汽车持续与人类驾驶人共享道路的环境中。

2）对交通污染拥堵的管理

自动驾驶将使拥堵和污染等社会顽疾不治而愈，出行将成为美好生活的一部分。传统汽车范式下的交通拥堵和环境污染已成为城市的顽疾，现代人每天都要忍受堵在路上的时间损耗和空气污染。自动驾驶由于使用电力驱动，效率骤增，不但可以化交通拥堵、空气污染等顽疾于无形，并将解放人们的注意力，人们在车上也可以继续工作，或是享受各种休闲娱乐。

3）对交通拥堵的管理

自动驾驶汽车可以进行车对车、车对基础设施之间的交流，这意味着它们可以在保持更近距离的情况下找到最佳路线。这主要是由于自动驾驶汽车通过无线通信协议可迅速获知其他车辆的信息，可以随时调整状态。

要达到这样的程度，汽车制造商要解决两个问题：一是统一汽车的沟通语言；二是自动驾驶汽车的分阶段普及。

毫无疑问，所有汽车都搭载自动驾驶功能需要时间。英国交通部授权的研究显示，在这个过程中，自动驾驶汽车不仅不会缓解交通堵塞，还会起到反作用。英国《每日邮报》援引该研究内容指出，当英国公路上每 4 辆汽车中有 1 辆为自动驾驶汽车时，英国的道路拥堵程度将会增加 0.9。只有当道路上一半的汽车为自动驾驶汽车时，交通才会有改善的迹象。一旦超过 50% 这个门槛，自动驾驶汽车将可以尽情发挥它们的优势，对交通产生积极的影响。

4）对运输行业的管理

随着自动驾驶技术的成熟以及相关服务产业的发展，自动驾驶将在未来提供客运、货运服务，与之相配套的场站服务、车辆维修服务、驾驶人培训服务也将发生改变。相对于现有运输行业的封闭系统，自动驾驶背后的互联互通将导致从业者范围向多元化延伸。与此同时，随着共享经济的发展，自动驾驶场景下的运输服务可能存在既是服务提供者，又是服务使用者的情况。这些变化特征都将影响未来运输行业的管理要求。

5）对运输服务定价的管理

随着自动驾驶技术的成熟以及相关服务产业的发展，未来道路的技术标准、投资规模和服务水平都将发生变化。一方面，随着自动驾驶车辆的增多，人工驾驶、自动驾驶车辆大量混行，将对现有道路的服务水平产生一定影响。另一方面，随着自动驾驶道路的建设，投资规模增加，相关技术标准提升，针对自动驾驶车辆的服务水平将得到显著提升。为此，自动驾驶将对未来运输服务产品的定价产生深远影响。

第 2 章　自动驾驶发展状况

2.1　国际情况

2.1.1　自动驾驶汽车已成为全球汽车产业发展的战略制高点

自动驾驶汽车是汽车产业与人工智能、高性能计算、大数据、物联网等新一代信息技术以及交通出行、城市管理等多领域深度融合的产物，当前全球汽车产业乃至未来交通出行领域智能化、网联化发展的重要方向，对汽车产业跨界融合发展具有重要的战略意义。

全球多数国家已将自动驾驶汽车发展纳入国家顶层规划，争抢未来汽车产业发展的战略制高点，强化国家竞争实力，以求在汽车产业转型升级之际抢占先机。美国运输部于2016年9月发布联邦《自动驾驶汽车政策指南》，持续推进自动驾驶汽车的安全监管与测试，并于2018年10月发布《为未来交通做准备：自动驾驶汽车3.0》，加强自动驾驶汽车与整个交通出行体系的安全融合。德国联邦参议院在2017年通过法律，允许汽车自动驾驶系统未来在特定条件下代替人类驾驶。瑞典能源和交通部门联合发起"驱动瑞典"创新项目，计划于2018年在瑞典主要城市进行以无人驾驶为核心的多项道路测验，在真实环境中研究实现自动化交通的方案。日本在 2017 年发布《2017 官民 ITS 构想及路线图》，公布日本自动驾驶汽车发展时间表，提出 2020 年实现高速公路 L3 级自动驾驶功能，并在特定区域实现 L4 级自动驾驶应用。

国际组织方面，联合国于 2016 年 3 月修订并生效了《国际道路交通公约》新修正案，在全面符合联合国车辆管理条例或者驾驶人可以选择关闭该技术功能的情况下，将驾驶车辆的职责交给自动驾驶技术，并可以应用到交通运输当中。欧盟在 2018 年 5 月发布《通往自动化出行之路：欧盟未来出行战略》，明确自动驾驶产业化时间表，提出 2030 年达到全自动驾驶。

2.1.2　多领域企业纷纷加强在自动驾驶汽车领域的战略布局

目前，几乎所有整车企业均在围绕自动驾驶汽车进行多方战略布局，加强战略转型，加大在自动驾驶汽车领域的投资，各方合纵连横广泛寻求合作，以在未来汽车产业生态竞争格局中占据主动。来自互联网、信息通信、电子科技等非汽车领域的企业也在纷纷布局自动驾驶汽车及相关业务。

宝马公司在 2016 年 6 月发布了企业发展新战略，将着眼于进一步加强电动汽车及自动驾驶技术优势，并发展优质个人驾驶领域的新服务。2016 年 7 月，宝马与英特尔、Mobileye 形成战略联盟，加强在自动驾驶汽车领域的合作，据报道，2023 年后半年，宝马公司将在中国和欧洲市场为新一代 7 系的特定车型提供 L3 级自动驾驶功能，而到 2024 年 7 月，新一代 5 系也会推出搭载此功能的特定车型。

大众集团监事会成员在 2017 年 11 月批准了未来 5 年的投资方案，大众将投资 340 亿欧元用于电动汽车、自动驾驶以及移动出行领域的战略转型。在自动驾驶这个领域，大众正在采取两条路线并进的策略，一方面在推向市场的汽车上搭载高度成熟的自动驾驶技术，而另外一方面，L5 级别的自动驾驶车型 SEDRIC 将承担更多探索未来出行和交通工具的重任。

通用汽车公司在 2015 年 7 月宣布将在全球增长型市场投资 50 亿美元，在这其中，自动驾驶汽车占较大比例。2016 年 1 月，与美国汽车共享出行公司 Lyft 达成合作，将投资 5 亿美元与其共同打造自动驾驶网络。2016 年通用汽车收购 Cruise。2020 年 1 月，Cruise 推出了新产品"Origin"，该款产品是一款 shuttle，类似小客车，没有转向盘，没有踏板，且按照美国高速公路车速设计。根据加州公共事业委员会（California Public Utilities Commission，CPUC）2022 年 4 月 29 日发布的一项提案，监管机构将授权 Cruise 在旧金山扩大其现有服务，允许公司首次向乘坐其自动驾驶出租汽车的乘客收费，Cruise 将于晚上 10 时至早上 6 时间在市中心以外的某些旧金山街道上提供有偿客运服务。

谷歌公司在 2009 年宣布开发无人驾驶汽车，并于 2016 年将无人驾驶汽车项目拆分出来，成立了独立公司 Waymo，其定位是成为人工智能软件开发商和出行服务提供商，凭借庞大的测试车队以及丰富的测试经验，Waymo 自动驾驶测试里程已经突破了 1000 万 mile，并已经在美国亚利桑那州启动了商业化运营服务。2018 年底，首款自驾叫车服务"Waymo One"进入市场，标志着自驾叫车正式上路。2022 年 2 月，CPUC 向通用汽车旗下的自动驾驶部门 Cruise 和 Alphabet 旗下自动驾驶部门 Waymo 发放了许可证，允许两家公司在配备安全员的情况下使用自动驾驶汽车提供客运服务（包括拼车服务），并可以向乘客收取车费。2022 年 3 月底，Waymo 宣布将在旧金山的街道部署全自动驾驶车辆。2022 年 5 月，Waymo 宣布其位于美国凤凰城市中心的自动驾驶出租汽车车队正在不断扩大，并且决定撤出其中的人类安全员。这意味着 Waymo 的无人驾驶出租汽车将在凤凰城最繁华的道路上采用完全无人驾驶。

福特公司 2018 年公开表示计划在 2021 年之前推出一款全自动驾驶汽车，与逐渐系统地将自动驾驶级别从 2 级提升到 3 级再到 4 级的竞争对手不同，福特的目标是跳过几步，直接进入 4 级。2020 年 3 月 19 日，福特发布了其自动驾驶汽车数据集，其中包含从大底特律地区的自动驾驶汽车车队收集的数据。研究人员可以自由使用该数据集来提高无人驾驶汽车的鲁棒性。数据带有时间戳，包含来自传感器的原始数据、校准值、姿态轨迹、地面实况姿态。

英伟达公司在 2015 年国际消费类电子产品展览会（Consumer Electrcnics Show，CES）上发布了第一代专门为自动驾驶汽车设计的计算平台 Drive PX，于 2016 年在 CES 上又发布了新一代产品 Drive PX2，相比第一代产品在计算性能上有明显提升，可以满足 L3 级自动驾驶的运算要求。之后，英伟达与涉及自动驾驶汽车领域的数百家企业展开广泛合作，包括特斯拉、博世、丰田等企业，以加快实现自动驾驶汽车的开发和商业化应用。

2.1.3　全球自动驾驶汽车产业链已初步形成

智能环境感知、多传感器融合、智能决策、控制与执行系统、高精度地图与定位等核心技术发展迅速，自动驾驶汽车的产业链已初步形成，一些技术已经具备或很快具备产业化应用要求。

在未来自动驾驶汽车的结构中，算法、软件以及运营服务等方面技术占比将增加，人工智能、车联网等新兴科技开始形成产业化，计算芯片等关键共性技术将成为核心，新型产业链体系将取代传统发动机、变速器占据主导地位。

自动驾驶汽车的快速发展，也催生了众多初创型企业涌向机器视觉、图像处理、整体解决方案、算法等关键技术领域。图 2-1 所示为自动驾驶汽车相关技术方。

图 2-1　自动驾驶汽车相关技术方

2.1.4　自动驾驶汽车发展进入测试和商业示范阶段

各国在政策上对自动驾驶汽车发展的战略支持、业内企业的重点布局，以及资本市场力量的推动作用，使得自动驾驶汽车关键技术发展取得了很大的成果，产品市场化的进程正在加快。

然而，在大规模进入市场之前，自动驾驶汽车需要在实际场景中进行长时间的测试，不断验证系统、功能的可行性、安全性及稳定性，率先在应用领域实现商业化示范，持续进行技术的验证和迭代，并探索自动驾驶汽车商业化应用中可行的商业模式。

国内外政府和业内主流企业逐渐意识到了自动驾驶测试及商业示范的必要性，故而纷纷提出规划和建设方案，以支持自动驾驶汽车能够进行公开道路测试（以下简称"道路测试"），并开展相关商业化应用的试运营项目，目的在于积累数据并完善系统功能，为自动驾驶汽车相关的技术标准和法规体系的建立提供必要支持。当下，自动驾驶汽车发展已经进入测试和商业化示范的阶段。

美国、日本、德国、英国、新加坡等国家纷纷发布政策，准许自动驾驶汽车在公开道路上进行测试，并加大力量布局自动驾驶汽车测试示范区的建设。企业方面，诸如 Waymo、福特、通用、Uber 等企业首当其冲，搭建自动驾驶测试车队，以不同的方式尝试开展商业化应用的运营服务。

比如，美国加利福尼亚州最新自动驾驶汽车测试法规允许在公共道路上部署自动驾驶汽车。部署意味着由公众在公共道路上操作自动驾驶汽车，或者为销售、出租、提供交通服务等目的而在公共道路上操作自动驾驶汽车，意即商业化利用，这不同于道路测试。美国亚利桑那州紧随其后，宣布允许在公共道路上部署自动驾驶汽车。

2018 年 4 月 6 日，CPUC 发布一份提议，授权开展自动驾驶汽车客运服务试点项目，要求用于开展无人出租汽车服务的自动驾驶汽车获得加州机动车管理局（California Department of Motor Vehicles，CDMV）颁发的牌照，配备人类驾驶人，不得向乘客收费。

2018 年 5 月 31 日，CPUC 会正式授权交通公司利用已经获得 CDMV 的运营许可的自动驾驶汽车，在 CPUC 的管辖范围内，开展两个试点项目，向公众提供客运服务。

第一个试点项目是，企业可以利用自动驾驶汽车提供客运服务，该自动驾驶汽车需要配备安全驾驶人。

第二个试点项目是，企业可以利用无人驾驶汽车提供客运服务，该无人驾驶汽车必须满足 CDMV 的要求，包括远程监控该汽车的状态和运行的要求。企业开展自动驾驶汽车和无人驾驶汽车客运服务需要遵守 CDMV 的规则，同时在 CPUC 作出进一步授权之前不得向乘客收费。

2.1.5 技术挑战犹存，公众不信任加剧，需要适宜的监管环境

2018年，自动驾驶发展也遭遇寒潮，诉讼不断、发展受抵制，再加上全球首例自动驾驶汽车行人致死事件，使硅谷技术巨头兜售的"自动驾驶汽车很快就能上路"成为空头支票，预期自动驾驶汽车无法于数十年之内实现大规模应用。

一是技术挑战犹存。发展高度自动驾驶系统的首要原因是，其有潜力极大增进安全并拯救生命。如果自动驾驶系统被证明比既有的人类驾驶人更加安全可靠，将给社会带来不计其数的福祉。美国国家高速公路交通安全管理局（National Highway Traffic Safety Administration，NHTSA）的调查数据显示，94%的交通事故发生的主要原因是驾驶人失误，诸如瞌睡、醉酒、注意力不集中、超速等。完全自动驾驶汽车的视野更广、反应速度更快，可以最大限度地减少失误以及随之而来的交通事故和伤亡。但是，消除人类失误并不意味着就不会产生与计算机、传感器和软件相关的失误。机器人、自动化系统取得了显著进步，但在很多方面依然达不到人类的操作水平。

自动驾驶系统的安全性依赖于大量的专门软件、传感器、控制器、执行器等共同无失误地执行驾驶操作。但当前自动驾驶技术尚在发展初期，人工智能算法、传感器、数字地图、网络传输等有待进一步发展，就像人类驾驶人一样，自动驾驶系统也可能发生失误，诸如识别失误、决策失误、行为失误等。因此，在当前自动驾驶系统的安全性还没有得到充分的验证的情况下，自动驾驶汽车依然会发生交通事故，尤其是在自动驾驶汽车持续与人类驾驶人共享道路的环境中。持续出现的涉及自动驾驶汽车的交通事故在不断打击人们对自动驾驶汽车的信任度和接受度。当前，Waymo、Uber、苹果、特斯拉等自动驾驶系统研发商都发生过多起交通事故，谷歌的无人驾驶测试车发生过10多起事故，2018年3月Uber的

自动驾驶汽车在测试过程中致一行人死亡，关于这些事故的报道频频登上新闻头条，造成公众恐慌和不信任。

二是公众不信任加剧。对社会公众而言，自动驾驶技术仍然是不安全的，人们还没有做好足够的准备将车辆控制权交给自动化机器。比如，美国汽车协会2019年1月的一项调查显示，63%的驾驶人表示害怕乘坐完全的无人驾驶汽车，还有46%的驾驶人认为在与无人驾驶汽车共用道路时，他们会感到不那么安全。美国Cox Automotive公司的一项调查显示，49%的人表示不会购买完全的自动驾驶汽车。总体来说，更多的被调查者表示，相较搭陌生人的便车而言，乘坐由计算机控制的自动驾驶汽车更让他们感到不舒服。

公众对自动驾驶系统安全的信心对自动驾驶汽车长远发展和接受至关重要。如果人们不接受自动驾驶汽车，政府批准和技术发展就一无是处。因此，通过提升技术安全增加公众对自动驾驶技术的信任度和接受度就显得尤为重要，而这需要适宜的监管环境，以保障安全为首要目的。

三是美国政府的弱监管态度遭质疑。政府相信弱监管能保证消费者安全，立法者试图从法律层面清除自动驾驶汽车发展的障碍。密歇根州州长曾表示，这些自动驾驶公司应该享受"疑罪无从"，因为这些公司正在努力使汽车更安全。而这个评论是在Uber无人车发生致死事件后发表的。联邦政府出台的自动驾驶汽车法案——AV START ACT，经历了评论家关于其对新技术安全标准构建不到位的指责，被迫进行大规模修正，即便修正后的草案，也被汽车安全中心批评为"大话连篇"，对于安全改善没有实质作用，反倒可能抬升汽车与技术公司股价。适宜的监管环境要求对既有监管模式作出调整，以及包括汽车制造商和科技公司在内的社会各界的共同参与。

2.2 国内情况

2.2.1 典型企业情况

1) 百度Apollo

作为国内最早耕耘自动驾驶领域的企业，目前百度Apollo实现2700万km路测零主责事故。目前其自动驾驶已有超过500台测试车，超过3700项专利，累计超过2700万km测试里程，覆盖超过30座城市，获得超过620张中国测试牌照，超过420张载人牌照。其自动驾驶出行服务平台——萝卜快跑自2021年8月18日推出，目前已在北京、上海、广州、深圳、重庆、武汉、长沙、沧州、阳泉、乌镇开放运营。2022年4月28日，北京发放无人化载人示范应用通知书，百度Apollo成为首批获准企业，这意味着，获取企业可以向公众提供"主驾位无安全员、副驾有安全员"的自动驾驶出行服务（Robotaxi）。

2022年7月20日，北京正式开放国内首个无人化出行服务商业化试点，百度萝卜快跑首批25辆北汽极狐无人化车辆正式获准开展常态化付费出行服务。目前，"萝卜快跑"App（应用程序）已向公众推送无人化自动驾驶出行服务付费功能，"转向盘后无人"自动驾驶车辆运营区域辐射经开区核心区域，为居民提供职住通勤、短途接驳、休闲购物等出行服务。未来，萝卜快跑无人化车队运营路线和推荐上车点将持续扩增，进一步满足用户日常出行需求。

2) 小马智行

2018年，小马智行推出自动驾驶出行服务，现已在广州、北京、上海、加州尔湾、加州弗里蒙特开通。据介绍，小马智行在全球范围内积累超过1200万km的自动驾驶路测里程。

2022年4月24日，小马智行宣布中标广州市南沙区2022年出租汽车运力指标，这是国内首个颁发给自动驾驶企业的出租汽车经营许可。中标通知明确，允许符合广州市智能网联汽车示范运营安全技术要求的自动驾驶车辆提供出租汽车经营服务。

2022年4月28日，小马智行率先取得北京市智能网联汽车政策先行区首批"无人化示范应用道路测试"通知书，获准向公众提供"主驾驶位无安全员、副驾驶位有安全员"的自动驾驶出行服务（Robotaxi）。

2022年8月2日，小马智行宣布与国内领先的共享出行平台曹操出行达成合作，整合双方优势资源，将小马智行自动驾驶出行服务引入更大规模出行平台，推动（Robotaxi）在城市出行场景的规模化落地应用。8月3日起，北京地区的用户可通过曹操出行App及小程序首页"自动驾驶"专属入口，享受由小马智行提供的（Robotaxi）服务（PonyPilot+）。下单呼叫前，乘客需选择乘坐人数、出发地和目的地，乘坐和支付流程与普通网约车服务并无差别。

3）AutoX

2022年2月9日，AutoX宣布其Robotaxi车队已超过1000台，并且超越Waymo的800台成为拥有全球最大规模全无人驾驶Robotaxi车队的公司。截至2022年2月，AutoX的RoboTaxi的自动驾驶区域总计超过$1000km^2$。

2022年5月9日，AutoX发布中国首个大型RoboTaxi运营中心网络，首批包含10座大型运营中心，分别坐落于深圳、上海、广州、北京等一线城市，专为大规模RoboTaxi车队专业级运维调度而建，支持超1000台无人车在超$1000km^2$大区域内高密度、高效率、高强度运转。

2.2.2 典型业态情况

目前，自动驾驶技术已在部分城市率先开展了出租汽车、公交客运、道路货运、无人配送等场景下的测试和示范应用。

1）自动驾驶出租汽车

2020年自动驾驶出租汽车分别在长沙、上海、北京等城市，面向社会公众开放免费试乘服务。百度 Apollo 于2019年6月获得了长沙市政府颁发的45张可载人测试牌照，截至2019年底已实现超1万次的安全载客出行，百度通过测试建立了完善的运营区域安全评估机制及技术保障体系，因此决定于2020年4月在长沙开展大规模试运营。2020年10月，百度自动驾驶出租汽车服务在北京全面开放，市民可在北京经济技术开发区、海淀区、顺义区的数十个自动驾驶出租汽车站点，无须预约，通过百度地图直接下单即可享受免费试乘自动驾驶出租汽车服务。2020年7月，滴滴开始在上海嘉定提供预订自动驾驶出租汽车的服务，18~70岁的用户均可以在应用程序中注册自动驾驶服务，体验免费试乘。

自动驾驶出租汽车国内示范应用情况见表2-1。

自动驾驶出租汽车国内示范应用情况　　　　表2-1

企业	百度	文远知行	小马智行	AutoX
示范区域	长沙湘江新区	广州市黄埔区、广州开发区	广州南沙区	上海
区域范围	130km²	144km²	200km²	未公布
投放车辆	45辆	超过20辆（至2019年12月）	50辆	一期30辆
运营站点	40多个上下站点	超过100个上下站点（至2019年12月）	超过150个上下站点	根据乘客位置在附近进行安全停车
启动时间	2019年9月试运行，2020年4月面向公众开放	2019年11月	2018年12月	2020年4月

续上表

订单数量	未公布	4600 多 （至 2019 年 12 月）	未公布	—
乘客数量	700 多	8000 多 （至 2019 年 12 月）	未公布	—
呼叫方式	百度地图/ 百度 App	WeRide Go App	微信小程序	高德地图 App
面向对象	公众在 App 内通过选择推荐的上下车站点并完善身份信息后可免费试乘	向公众全开放，下载 App 即可使用，无须申请审核	向员工、亲朋和部分公众开放	公众在 App 中报名，报名通过且收到通知，可呼叫无人车免费试乘
运营时段	9：30—16：20	8：00—22：00	8：00—22：30	7：30—22：00

2）自动驾驶公交车

据统计，目前我国公开道路无人公交的路线总长位居世界第一，为54.6km，约占全球路线总长的85%。从覆盖城市来看，苏州的公开道路自动驾驶公交路线总长以15.3km位居第一，比排名第二的重庆多出53%，深圳则以8.0km排名第三。2020年8月中车电动"智巴客"在湖南长沙湘江新区推出全国首条开放道路智慧公交线路，开启常态化自动驾驶试运营，市民免费乘坐。2021年4月，我国首辆收费自动驾驶公交车在重庆永川区正式上路试运营，自动驾驶公交车运行从免费模式转向收费模式，由百度公司、金龙客车共同打造的3辆红色L4级自动驾驶中型客车，正式驶上街头投入载人运营，乘客可通过百度地图、永川服务公社等App端口提前预约后，体验自动驾驶公交车出行，每人单次票价2元，同时每辆自动驾驶公交车上会有一名安全员，可随时转换为人工驾驶。

我国公交客运领域自动驾驶代表企业及产品见表2-2。

我国公交客运领域自动驾驶代表企业及产品　　　　　表 2-2

企业	地区	产品	发布年份（年）	产品特点	示范地点	解决痛点	合作伙伴
宇通客车	河南	公交车	2019	内部未布置驾驶舱，也无转向盘，除了座椅外四壁空空	郑州"智慧岛"开放道路	实现顺畅进站和准确停靠，提升公交运营效率	河南移动
安凯客车	安徽	公交车	2017	搭载了激光雷达、毫米波雷达、摄像头、GPS天线等众多高科技设备，道路全程不进行任何基础设施改良	深圳福田保税区、日本中部国际机场	化解机场工作人员人手不足问题，提升旅客体验，降低运营成本	海梁科技、深圳巴士、东风襄旅、速腾聚创、中兴、南方科技大学、北京理工大学、北京联合大学等
中车株洲	湖南	客车	2017	国内智能驾驶技术首次应用在12m纯电动客车上	湖南株洲	实现智能驾驶	贵阳公交公司

3）自动驾驶货车

自动驾驶货车是在一些大型港口使用的自动驾驶的集装箱搬运车，2018年4月，由5辆自动驾驶货车组成的车队，首次在曹妃甸港投入使用。2021年5月，我国首个干线物流自动驾驶商业项目在北京智能网联汽车政策的先行区正式启动，发布了三款自动驾驶物流货车，同时推进自动驾驶物流货运车上路试运营，应用于港口物流枢纽与高速公路干线物流场景。项目第一阶段，首批基于主线科技 Trunk Master 自动驾驶系统打造的10台自动驾驶货车已完成系统调试，将基于福佑卡车智能调度系统和运维线路，于 2021 年 5 月底在京沪线试运营。第二阶段，将实现 50 台自动驾驶测试卡车在国内 20 条干线试运营。

我国港口场景下自动驾驶货车示范应用情况见表 2-3。

我国港口场景下自动驾驶货车示范应用情况　　　　　　表 2-3

港口名称	企业	示范应用情况
天津港	主线科技	2018 年开始自动驾驶电动集装箱货车在天津港试运营； 2020 年 1 月，在天津港完成自动驾驶电动集装箱货车整船作业
珠海国际货运码头	西井科技	2019 年 8 月，自动驾驶电动集装箱货车已实现小批量量产； 2019 年 12 月，无人跨运车完成多次实测，已发运瑞典码头
宁波港	畅行智能	2018 年已在宁波港口试运行自动驾驶集装箱货车
洋山港	上汽	2018 年 1 月，在广东珠海完成第一箱作业； 2019 年 11 月，独立完成从深水港物流园到洋山码头往返 72km 的装卸作业
三一海工码头试验场	三一海工	2019 年完成场内测试
—	图森未来	2019 年 4 月，在临港、物流园区、东海大桥等地开展无人集装箱货车物流示范运营； 2019 年 5 月，与美国 UPS 合作，提供超过 1600km 的运输服务

我国封闭矿区自动驾驶货运产品情况见表 2-4。

我国封闭矿区自动驾驶货运产品情况　　　　　　表 2-4

企业	地区	产品	应用年份（年）	示范地点	解决痛点	合作伙伴
易控智驾	北京	自动驾驶矿车	2019	鄂尔多斯矿区	解决人员招聘困难、人力成本升高、智能化较低等问题	同力重工、露天矿企业及工程公司

续上表

企业	地区	产品	应用年份（年）	示范地点	解决痛点	合作伙伴
北方股份	内蒙古	自动驾驶电动矿车	2019	包钢集团	安全生产，降低人工和整车使用成本，提升运行效率	踏歌智行
慧拓智能	山东	自动驾驶自卸车、无人矿山系统	2019	内蒙古鄂尔多斯宝利煤炭	节省劳动成本、降低安全隐患、解决招工难问题	同力重工、潍柴、中国联通、华为
徐工集团	江苏	露天矿山无人运输系统	2019	内蒙古乌山铜钼矿采矿场南矿段795平台	实现无人化作业	中铁十九局、慧拓智能、中国黄金、中科院
踏歌智行	北京	矿区自动驾驶整体解决方案	2018	世界最大的稀土露天矿（白云鄂博矿）矿区	运输驾驶人零伤亡、油耗/电量下降5%、矿山智能化，综合效益提高10%以上	包钢、北方股份、北航、中国移动、华为、伊泰、同力重工、乌兰集团等
拓疆者	北京	智能挖掘机	2018	首云铁矿、海南乐东农场、天津石料厂	减少安全事故、24h不间断作业、降低管理成本、提高生产效率	百度
希迪智驾	湖南	无人矿用货车解决方案	2019	内蒙古东部地区矿区	实现在恶劣环境下全天时全天候感知作业、节省人工成本、保证人员的安全	北奔重汽

我国干线公路自动驾驶货运测试情况见表 2-5。

表 2-5 我国干线公路自动驾驶货运测试情况

企业	开始测试时间（年）	自动驾驶货车测试情况				量产时间（年）	合作伙伴	配套货车
		测试地点	测试货车车队规模	测试里程				
图森未来	2016	上海、北京、唐山、美国	15辆（中国）、40多辆（美国）	4万km（中国）、300万km（美国）		预计2023	陕汽、福田、三一、ZF、Wabco、索尼、NVIDIA等	陕汽重卡、福田、Navistar、PACCAR
主线科技	2018	山东	4辆	10万km（高速公路）		预计2023	博世、Wabco、齐鲁交通	重汽
长沙智能驾驶研究院	2017	长沙	10辆	20万km		预计2023	舍弗勒	福田
赢彻	2019	长沙、济南、上海	6辆	包含封闭道路约2万km		2021	ZF、Wabco、克诺尔、速腾、地平线等	东风、重汽、福田

4）无人配送车

菜鸟物流最早于 2018 年 3 月在开放道路测试无人配送车。2019 年 8 月，苏宁物流 "5G 卧龙" 无人配送车在南京江北核心区国际健康城苏宁小店门口正式亮相，是 5G 技术应用从实验阶段走向商业化应用，在物流配送环节的全国首次成功落地。2020 年新冠肺炎疫情期间，新石器慧通（北京）科技有限公司派出了 18 辆无人配送车在武汉的雷神山和其他医院、社区参与物资配送，苏宁物流 5G 卧龙无人配送车围绕 3km 即时配送业务迅速组建无人配送保障小组，启动无人配送车末端 "无接触" 配送服务；美团开发落地无人配送车 "魔袋"，在北京顺义的配送站点进行常规化运营。2020 年 10 月，美团由无人微仓（无人商店）、无人配送车以及美团配送站点组成首家 AI（Artificial Intelligent，人工智能）智慧门店 MAI Shop 正式落地运营。

无人配送车产品及应用场景情况见表 2-6。

无人配送车产品及应用场景情况　　表 2-6

企　　业	产品类型	应用城市	配送场景	配送内容
京东	配送机器人	武汉	物流站→医院	医疗用品、生活物资
百度	阿波龙小巴	北京	商圈	餐饮
	新石器无人车	北京	酒店→医院	餐饮
美团	无人车	北京	商家→小区内	外卖、买菜
菜鸟网络	车载自提柜	杭州	小区内	快递
一清	夸父无人车	山东淄博	物流港→农村	生鲜蔬菜
行深智能	无人投递车	湖北仙桃	政府及直属单位	邮政投递

第 3 章 自动驾驶相关法规政策

3.1 国际法规政策

3.1.1 基本情况

2020 年以来，美国、德国、日本、英国、法国、韩国等国家积极推动自动驾驶相关法规政策出台，鼓励自动驾驶技术加快发展，谋求尽早实现商业化应用。各国自动驾驶法规政策情况见表 3-1。

各国自动驾驶法规政策情况汇总表　　　　　　　　　表 3-1

国家	法 律 文 件	发布时间
美国	《确保美国自动驾驶汽车技术领先：自动驾驶汽车 4.0》（AV4.0）	2020 年 1 月
	《自动驾驶车辆综合计划》	2021 年 1 月
德国	《德国联邦道路交通法》（第八修正案）	2021 年 5 月
日本	《限定区域自动驾驶出行服务确保安全性和便利性指南》	2019 年 6 月
	《道路交通法》	2020 年 1 月
英国	《高速公路法规》修订征求意见	2021 年 4 月

续上表

国家	法律文件	发布时间
法国	《出行指导法》	2019年12月
	《2020—2022年法国自动驾驶国家发展战略》	2021年1月
韩国	《关于促进和支持自动驾驶机动车商业化的法律》	2020年12月

1）美国

2020年1月，美国运输部和美国国家科学技术委员会联合发布了指导型政策文件《确保美国自动驾驶汽车技术领先：自动驾驶汽车4.0》（AV4.0），将38个联邦部门、独立机构、委员会和总统执行办公室的自动驾驶汽车工作协调统一，并基于联邦机构、创新者以及美国政府对自动驾驶汽车态度，向所有利益相关者提供高水平的指导。AV4.0在之前版本的基础上，详细描述了10条保护自动驾驶汽车使用者群体的原则，包括安全优先、安全性和网络安全、隐私和数据安全、增强出行便捷性和可达性、技术中立、保护创新和创造力、规则现代化、标准和政策的一致性、联邦政策的一贯性、提升交通运输系统层面的运行效果，提出要提高市场运行效率，推动多方协调，以确保美国在自动驾驶汽车标准中的领导地位。AV4.0还介绍了正在开展的推动自动驾驶汽车技术发展政府行动，包括政府对自动驾驶汽车行业相关领域的投资情况，以及所提供的行业创新合作机会。

美国运输部还在2021年1月发布了《自动驾驶车辆综合计划》，综合计划以AV4.0所确立的原则为基础，提出了联邦交通部针对自动驾驶系统的多式联运战略，明确了产业发展的三大目标为促进协作和透明度、现代化监管环境和为构建适合自动驾驶的运输系统做准备；确定优先发展重点领域包括低速无人小型货车、低等级自动驾驶乘用车（城市通勤等驾驶环境，开展L3级乘用车应用）、高等级自动驾驶乘用车（高速等区域，开展L4级乘用车应用）、高速公路长途自动驾驶货车、低速接驳车；还提出建立自动驾驶公共平台包括交通领域公共云服务平台、支持车路协同的研发测试平台、交通安全数据信息共享平台。

2）德国

2021年5月，德国联邦议院和参议院先后原则上通过了联邦交通和数字化基础设施部提出的《德国联邦道路交通法》（第八修正案），修订后的《德国联邦道路交通法》明确将具备自动驾驶功能的机动车辆界定为没有驾驶人、可以自动在限定区域完成行驶任务的机动车辆，并基于此允许L4级自动驾驶汽车在日常运行场景下，在全德国范围内限定的公共道路上行驶。目前推荐运行场景主要包括：①短途货物运输；②短途自动客运系统；③物流中心间的无人驾驶连接；④以需求为导向的乡郊地区非繁忙时段交通服务；⑤双模式车辆，例如"自动代客泊车"（驾驶人离开车厢，让车辆自己开进车库）。限定的道路预计首先是封闭的高速公路。所采取的监管措施是技术性监控，仍必须由自然人实施，要求可以随时关闭自动驾驶系统并将车辆置于最低风险状态。

修订后的《德国联邦道路交通法》还进一步明确了自动驾驶汽车运行参与者的义务：自动驾驶汽车的所有人履行日常维护车辆设备、保障正常运行（维护自动驾驶系统等）、必要时履行技术性监管的义务；自动驾驶汽车的生产者履行防御对车辆的电子、电信攻击（黑客攻击）的义务；技术性监控人员履行的义务包括在车辆行驶过程中监控车辆，在车辆示警时评估事态，必要时关闭自动驾驶功能甚至停止车辆行驶。修订后的《德国联邦道路交通法》还提高了责任人在自动驾驶导致交通事故时的最高赔偿金额，对于人身伤害由500万欧元提高至1000万欧元，对于财产损失由100万欧元提高至200万欧元。

3）日本

为实现2020年面向限定区域内的提供L4级无人自动驾驶移动服务，2019年6月，日本国土交通省发布了《限定区域自动驾驶汽车客运经营服务安全性和便利性的指南》，规定了对旅客汽车运输经营者、远程监控控制者、驾驶人以外的乘务员的相关基本要求，包括行驶中断、事故造成旅客伤亡、极端天气天灾等影响运输安全以及车辆发现重大故障等紧急情形下的应对机制。2020年7月，日本国土交通省还制定了关于"最后一公里"的自动驾驶车辆系统指南，通过具体举例的方式对各种行驶环境（场所、速度、天气等）下的车辆行驶注意要点进行了总结，包括自动驾驶车辆应确保与行人保持安全的距离并缓行；不突然改变行进路线；在难以继续自动驾驶的情形和系统感应到故障时自动、安全地停止车辆等。

为了能够实现L3级的自动驾驶，日本对《道路交通法》进行了修订，自2020年4月1日起实施。《道路交通法》将驾驶界定为车辆或路面电车根据其原本的使用方式进行使用（包括使用自动驾驶装置），同时规定在不满足自动驾驶装置的使用条件时，驾驶人应当自行驾驶该自动驾驶汽车。在使用自动驾驶功能时，驾驶人可以免除适用禁止使用手机等无线装置的规定。日本还对《道路运输车辆法》进行了修订，将自动驾驶装置纳入安全基准对象装置规定范畴，明确自动驾驶装置是指用于处理由程序自动操作汽车所需的，用于检测车辆运行期间的状态和环境的传感器，以及用于处理从该传感器发送的信息的计算机和程序作为主要构成元素的设备，拥有驾驶人在操纵时的认知、预测、判断及操作能力的全部代替功能，且拥有确认该功能的启动状态所必要的信息记录装置。

4）英国

2021年4月，英国交通部宣布对《高速公路法规》的修改提议展开公共咨询，为2021年底之前允许L3级自动驾驶汽车在英国道路上行驶铺平道路。修改提议在《高速公路法规》中增加一个章节，以确保自动化技术的安全使用，要求明确了驾驶人的责任承担包括驾驶人必须按照制造商的说明确定在什么时候使用自动驾驶功能；如果车辆被设计为要求驾驶人在被提示时恢复人工驾驶，那么即使车辆处于自动驾驶状态，驾驶人都必须保持处于能够控制车辆的位置上；驾驶人仍要负责使车辆处于适合行驶的状态以及为车辆购买保险；对于正在自动驾驶中的自动驾驶汽车，驾驶人将不对自动驾驶汽车的行驶承担责任。

5）法国

2019年12月，法国出台了《出行指导法》。法国是欧洲首批建立自动驾驶汽车立法和监管框架的国家之一，并允许自动驾驶汽车在2022年之前正式上路。《出行指导法》适用于高度自动化车辆，只要其系统能够处理行驶过程中的所有情况，可以无须驾驶人干预，也允许操作员位于车外。《出行指导法》所规定的自动驾驶应用场合涵盖了旅客运输和货物运输，同时从2022年起，将允许使用安全示范参考系统的自动驾驶车辆，提供预先确定路线的公共或共享客运服务。为保证2022年目标的实现，法国交通国际合作事务中心于2021年1月发布了《2020—2022年法国自动驾驶国家发展战略》，分别从立法和监管框架、技术理论和安全参考标准、支持研究和创新以及组织、支持、交流和合作治理政策角度，提出了分阶段的具体战略发展措施。

6）韩国

2020年12月，韩国颁布了《关于促进和支持自动驾驶机动车商业化的法律》，并于2021年1月1日起正式实施，提出建立自动驾驶汽车商业化示范运行区，在示范区内行驶的自动驾驶汽车可豁免安全标准和部分法律，并规定了商业化示范区的管理流程。国土交通部长官下设示范区委员会，负责审议、表决示范区申请、政策及重要事项，示范区的具体管理工作由地方政府、公路管理局和地方警察厅组成的示范区协会共同管理。示范区内可以从业有偿的客运和货运经营，但客运经营者、客运驾驶员和货运经营者仍须取得经营许可或者运输执照。为满足自动驾驶运营所需条件，在取得路政许可的前提下，可由道路管理机构以外的主体实施道路工程、道路的维护和管理等工作。

3.1.2 国际自动驾驶立法的趋势和特点

1) 立法的总体思考

为保证监管反应不偏离对技术的控制，同时在技术上更加中立，国际上针对自动驾驶在测试与示范应用阶段的立法，主要有以下的趋势和特点：第一是为了促进技术创新，提出了法律确定性较低的规则，拟议的规则可以是一套灵活的目标，可根据创新的需要调整，这将指导新技术的部署；第二是为了融入足够的灵活性，规则本身往往由政府和行业共同创建；第三是即便存在硬法的选择，其惩罚和说服的适用空间也会很小，因此，更加强调用软法取代硬法。

2) 立法的考量因素

产生上述立法趋势的原因主要可以从以下几方面进行分析：第一是用于驾驶自动驾驶汽车的人工智能非常复杂，需要在各种情况下进行大量测试；第二是自动驾驶汽车的发展不仅是一个尝试开发自动驾驶汽车的故事，也是一个联网汽车的故事，因此，存在着一种技术的平行发展，但对于哪一种技术将占上风却没有明确的看法；第三是现任汽车制造商正面临市场新参与者的挑战，这些新参与者往往拥有信息技术背景，这种新的进化以更快的速度引发了不可预测的创新；第四是由于创新速度快得多，监管机构几乎无法就创新何时投入市场提出适当的立法，在行业和监管机构之间存在着信息和知识的鸿沟；第五是由于政府间的竞争，商业的全球特性使得公司能够迅速地将他们与自动驾驶汽车相关的创新从一个国家转移到另一个国家，这一地点问题可能导致管制更宽松的国家吸引更多的测试能力；第六是有一种"科技公民不服从"的趋势，公司有一种不遵守规范其经营领域的法律的倾向，他们希望把产品变得如此重要，以至于大到不能禁止进入市场。

3.1.3 国际自动驾驶立法中的焦点内容

1) 公众参与的自愿性

国际立法中普遍坚持乘车人或者托运人的自愿性原则。鉴于自动驾驶本身尚存在一定风险，同时相关技术在应用时仍处于不成熟状态，同时测试应用阶段，更显著的仍是测试状态，通过实际乘车人或者托运人的广泛参与，验证技术可行性同时预判技术风险。因此，无论是免费运行，还是收费运行，都应当充分保障乘车人或者托运人的意识自治和充分的交易选择权，严禁以任何形式变相强制交易，也不能以自动驾驶运输服务完全取代传统的公共交通运输服务。

2）保险保障的充分性

以充分保险保障作为前提，是国际立法中的普遍共识。由于测试示范应用阶段仍存在一定安全风险，同时该阶段内的测试应用参与人员数量相对较少，自动驾驶运营者应当提供充分的保险保障，以此给予事故中的受害者以充足保障，同时解决现阶段下责任划分机制仍不确定的问题。

3）测试报告的重要性

国际立法普遍重视对运营者测试报告的研究分析。作为测试示范应用的参与者，自动驾驶运营者在享受法规规章政策豁免的同时，应当履行定期向监管机构提交完整测试报告的义务。允许测试应用对于监管机构来说，其目的也在于充分了解技术本身的相关风险，为政策制定和责任划分提供依据。因此，监管机构应当充分重视测试和示范应用报告的价值，事先明确报告应包含的内容和相关要求，同时运营者也应当充分保证报告的及时性、完整性和准确性。

3.2 国内法规政策

3.2.1 中央层面政策情况

各部委积极推进自动驾驶发展应用，强化顶层设计，加强政策引导，一方面积极推进自动驾驶产业落地应用,另一方面不断完善技术应用中的安全监管制度。

一是加强自动驾驶顶层设计,强化政策协同。2020年2月,国家发展改革委等11部门联合印发《智能汽车创新发展战略》,营造支持创新、鼓励创造、宽松包容的发展环境,加强部门协同、行业协作、上下联动,形成跨部门、跨行业、跨领域协调发展合力。要求到2025年,实现有条件自动驾驶的智能汽车达到规模化生产,实现高度自动驾驶的智能汽车在特定环境下市场化应用。《智能汽车创新发展战略》还提出开展特定区域智能汽车测试运行及示范应用,验证车辆环境感知准确率、场景定位精度、决策控制合理性、系统容错与故障处理能力,智能汽车基础地图服务能力,"人-车-路-云"系统协同性等。推动有条件的地方开展城市级智能汽车大规模、综合性应用试点,支持优势地区创建国家车联网先导区。推进智能化道路基础设施规划建设。制定智能交通发展规划,建设智慧道路及新一代国家交通控制网。分阶段、分区域推进道路基础设施的信息化、智能化和标准化建设。法律法规方面,《智能汽车创新发展战略》要求开展智能汽车"机器驾驶人"认定、责任确认、网络安全、数据管理等法律问题及伦理规范研究,明确相关主体的法律权利、义务和责任等。推动出台规范智能汽车测试、准入、使用、监管等方面的法律法规规范,促进《中华人民共和国道路交通安全法》等法律法规修订完善。

二是强调信息技术赋能基础设施,推动转型升级。2020年8月,交通运输部印发《关于推动交通运输领域新型基础设施建设的指导意见》(交规划发〔2020〕75号),要求通过先进信息技术深度赋能,推动交通基础设施数字化、网络化、智能化建设,促进交通运输提效能、扩功能、增动能。提出到2035年,智能列车、自动驾驶汽车、智能船舶等逐步应用的发展目标。该意见就智慧公路建设提出推进车路协同等设施建设,丰富车路协同应用场景。推动公路感知网络与基础设施同步规划、同步建设,在重点路段实现全天候、多要素的状态感知。

应用智能视频分析等技术，建设监测、调度、管控、应急、服务一体的智慧路网云控平台。该意见还提出持续推动自动驾驶、智能航运、智慧工地等研发应用。建设一批国家级自动驾驶、智能航运测试基地，丰富不同类型和风险等级的测试场景，完善测试评价体系，提升测试验证能力。围绕典型应用场景和运营模式，推动先导应用示范区建设，实施一批先导应用示范项目。

三是推进道路交通领域示范应用，提升现代化水平。2020 年 12 月，交通运输部印发《关于促进道路交通自动驾驶技术发展和应用的指导意见》（交科技发〔2020〕124 号），提出要坚持鼓励创新、多元发展、试点先行、确保安全的原则，建成一批国家级自动驾驶测试基地和先导应用示范工程，在部分场景实现规模化应用，推动自动驾驶技术产业化落地。该意见除了在客运、货运和新业态方面提出试点方向，还提出健全包括封闭场地、半开放区域、开放道路等场景的综合测试评价体系，研究混行交通监测和管控方法，先行先试打造融合高效的智慧交通基础设施，推动道路基础设施、载运工具、运输管理和服务、交通管控系统等互联互通。在政策法规方面，提出完善自动驾驶道路测试管理规范，研究基础设施智能化建设支持保障政策，研究自动驾驶车辆营运条件及管理办法，探索建立自动驾驶营运车辆运行安全监管体系。同时鼓励有条件的区域探索制定自动驾驶新业态管理办法，适时制定相关规章制度。

四是加强智能汽车产品准入管理，保证质量和安全。2021 年 7 月，工业和信息化部印发《关于加强智能网联汽车生产企业及产品准入管理的意见》（工信部通装〔2021〕103 号），要求加强汽车数据安全、网络安全、软件升级、功能安全和预期功能安全管理，确保证智能网联汽车产品质量和生产一致性。该意见提出关于软件升级的管理要求，企业生产具有在线升级（又称 OTA 升级）功能的汽车产品的，应当建立与汽车产品及升级活动相适应的管理能力，具有在线升级安全影响评估、测试验证、实施过程保障、信息记录等能力，确保车辆进行在线升级时处于安全状态，并向车辆用户告知在线升级的目的、内容、所需时长、注意事项、升级结果等信息。强调企业的告知义务，应当明确告知车辆功能及性能限制、驾驶人职责、人机交互设备指示信息、功能激活及退出方法和条件等信息。同时，进一步明确了部分具体情形下的安全管理要求。

五是落实《中华人民共和国数据安全法》，明确智能汽车数据安全管理。2021年7月，国家互联网信息办公室等5部门共同出台《汽车数据安全管理若干规定（试行）》，对境内开展的汽车数据处理活动提出了安全监管，明确汽车数据处理者的告知同意义务、敏感信息处理要求、数据存储与跨境传输要求以及定期报告制度，同时提出国家加强智能（网联）汽车网络平台建设，开展智能（网联）汽车入网运行和安全保障服务等，协同汽车数据处理者加强智能（网联）汽车网络和汽车数据安全防护。

六是逐步构建自动驾驶标准化体系。自2020年起，由工业和信息化部牵头相继印发《国家车联网产业标准体系建设指南（车辆智能管理）》《国家车联网产业标准体系建设指南（智能交通相关）》等，构建包括智能交通基础标准、服务标准、技术标准、产品标准等在内的标准体系，指导车联网产业智能交通领域的相关标准制修订。2022年3月，工业和信息化部印发《车联网网络安全和数据安全标准体系建设指南》，提出到2023年底，初步构建起车联网网络安全和数据安全标准体系。重点研究基础共性、终端与设施网络安全、网联通信安全、数据安全、应用服务安全、安全保障与支撑等标准，完成50项以上急需标准的研制。到2025年，形成较为完善的车联网网络安全和数据安全标准体系。完成100项以上标准的研制，提升标准对细分领域的覆盖程度，加强标准服务能力，提高标准应用水平，支撑车联网产业安全健康发展。全国汽车标准化技术委员会相继出台《汽车事件数据记录系统》（GB 39732—2020）、《汽车驾驶自动化分级》（GB/T 40429—2021）等国家标准，将汽车驾驶自动化等级分为0~5级，对汽车驾驶自动驾驶原则、划分要素、等级划分、技术要求详细阐述，旨在规范我国汽车驾驶自动化分级，还明确说明了在各级别驾驶自动化等级中，驾驶人应承担的职责。

七是工业和信息化部、公安部、交通运输部联合印发《智能网联汽车道路测试与示范应用管理规范（试行）》，推动自动驾驶在各地落地。该管理规范区分了道路测试和示范应用两个不同阶段，明确测试车辆不得搭载其他与测试无关的人员和货物，而示范应用过程中可按规定搭载探索商业模式所需的人员或货物，同时分别对申请主体、驾驶人和车辆的资质要求，在申请程序上强调安全性自我声明的作用。在管理权限上，明确地方的具体实施权力，规定省、市级政府相关主管部门可以根据当地实际情况，依据本管理规范制定实施细则，具体组织开展智能网联汽车道路测试与示范应用工作。在测试和示范应用主体方面强调法人资格、业务能力、民事赔偿能力、评价能力（运营服务能力）、实时远程监控能力、事故记录分析能力、网络安全保障能力，示范应用还需有方案。我国涉及自动驾驶的相关法律法规及标准、政策见表3-2。

我国涉及自动驾驶相关法律法规及标准、政策 表3-2

文 件 名 称	部门	时间	类别
《关于印发〈智能汽车创新发展战略〉的通知》（发改产业〔2020〕202号）	国家发展改革委等	2020年2月	战略
《中华人民共和国道路交通安全法》（修订）	全国人民代表大会	2021年4月	法律
《智能网联汽车道路测试与示范应用管理规范（试行）》	工业和信息化部等	2021年7月	规章
《关于进一步优化营商环境更好服务市场主体的实施意见》	国务院办公厅	2020年6月	政策

续上表

文件名称	部门	时间	类别
《关于印发新能源汽车产业发展规划（2021—2035年）的通知》（国办发〔2020〕39号）	国务院办公厅	2020年10月	政策
《关于加强智能网联汽车生产企业及产品准入管理的意见》	工业和信息化部	2021年7月	政策
《关于加强车联网网络安全和数据安全工作的通知》（工信部网安〔2021〕134号）	工业和信息化部	2021年9月	政策
《交通运输部关于推动交通运输领域新型基础设施建设的指导意见》（交规划发〔2020〕75号）	交通运输部	2020年8月	政策
《交通运输部关于印发〈交通运输领域新型基础设施建设行动方案（2021—2025年）〉的通知》（交规划发〔2021〕82号）	交通运输部	2021年8月	政策
《交通运输部关于促进道路交通自动驾驶技术发展和应用的指导意见》（交科技发〔2020〕124号）	交通运输部	2020年12月	政策
《国家车联网产业标准体系建设指南（车辆智能管理）》	工业和信息化部等	2020年4月	指南
《国家车联网产业标准体系建设指南（智能交通相关）》（工信部联科〔2021〕23号）	工业和信息化部等	2021年2月	指南
《汽车事件数据记录系统》（GB 39732—2020）	全国汽车标准化技术委员会	2020年12月	标准
《汽车驾驶自动化分级》（GB/T 40429—2021）	全国汽车标准化技术委员会	2021年9月	标准

3.2.2　地方层面政策情况

各地纷纷出台支持自动驾驶产业发展应用的优惠政策。

北京市于2020年11月发布实施的《北京市自动驾驶车辆道路测试管理实施

细则（试行）》，其采用了广义的道路测试概念，示范应用也纳入其中。该细则将道路测试区分为通用技术测试、专项技术测试和试运营测试三种类型，其中专项技术测试包括特殊天气测试、高速公路测试、无人化测试、编队行驶测试，试运营测试区分为载人测试和载物测试，并分别提出测试的申请和管理要求。

青岛市于 2020 年 12 月发布实施的《青岛市智能网联汽车道路测试与示范应用管理实施细则（试行）》，确定测试车辆范围包括了用于快递配送、餐饮配送、自动售卖、环卫清洁、安防巡逻等用途的小型无人专用作业车，规定需要在车外采取应急措施或接管、操控车辆的驾驶人，还应具备在车外利用车辆配备的近程或远程操纵装置接管和控制车辆的能力，同时明确测试及示范应用过程中，不得从事未经批准的道路运输经营活动。

深圳市第七届人民代表大会常务委员会第十次会议于 2022 年 6 月 23 日通过了《深圳经济特区智能网联汽车管理条例》，自 2022 年 8 月 1 日起施行。该管理条例以经济特区地方性法规的形式明确了智能网联汽车的管理链条，智能网联汽车取得相关准入、列入国家汽车产品目录或者深圳市智能网联汽车产品目录后，可以销售；经公安机关交通管理部门登记，可以上道路行驶；经交通运输部门许可，可以从事道路运输经营活动。对于道路运输部分，明确使用智能网联汽车从事道路运输经营活动的，经营者应当取得道路运输经营许可证，车辆应当取得道路运输证。深圳市交通运输部门应当制定智能网联汽车道路运输的准入条件和配套规范，并组织实施。

芜湖市于 2021 年 7 月出台了《芜湖市京东无人配送车试运营管理办法（试行）》，对京东无人配送车运营主体及车辆、申请流程、运行管理、安全管理、交通违法和事故处理等方面作出规定。对于车辆标准，管理办法对京东无人配送车的运营主体及车辆标准进行规定，要求运营公司申请投放的无人配送车须达到 L4 级及以上的自动驾驶水平。对于申请流程，由市交通运输局牵头成立工作专班，统筹推进京东无人配送车落地事宜。该管理办法要求运营主体单位提供详细的运营方案，简化程序，由工作专班负责审核。对于通行规则，管理办法规定京东无人配送车参照非机动车进行管理，车速不得超过 15km/h。该管理办法还对无人配送车的运行时间段、运行范围、停放区域等方面作出了规定，尤其是设置了专用停车位，避免无人配送车影响市民通行。对于安全管理，该管理办法要求运营主体应当建立健全无人配送车安全管理制度，配备现场安全员和远程安全员，运行状态和视频全部纳入监管平台进行管理。同时，为每辆无人配送车购置了第三者责任险，助力无人化商业模式的落地与规模化发展。

北京市顺义区于 2021 年 9 月发布了《无人配送车管理实施指南》，由顺义区通信、交通、公安部门共同成立联席小组，建立合作协调机制，共同推进无人配送车落地事宜，并由联席小组联合审核无人配送车运营方案，简化流程，缩短申请周期。该指南明确无人配送车的运营主体、车辆、路测及运营流程要求，为企业提供清晰指导方案。运营主体不仅需要遵守事故处理和行车规则，还要建立网络安全、数据安全、软件升级等管理制度。该指南允许其他省市已申领临时行驶标识且在有效期内的无人配送车通过简化流程于顺义区开展公开道路测试或示范应用。同时，也鼓励企业与顺义区政府共同探索更多自动驾驶落地场景和商业化模式，共同研究商业化运营标准和管理流程。

上海市于 2021 年 12 月 20 日市政府第 151 次常务会议通过《上海市智能网联汽车测试与应用管理办法》，自 2022 年 2 月 15 日起施行。其将测试与示范活动区分为道路测试、示范应用、示范运营、商业化运营四个阶段，明确示范运营是指在具备相关营运资质后（或和具备营运资质的企业合作），在本市行政区域范围内开展特定路线的智能网联汽车载人、载物或特种作业的准商业化运营活动，规定示范应用主体不得向服务对象收取费用，开展示范运营，可以适当收取一定费用。收费标准应当在示范运营方案里载明；面向不特定对象收费的，应当向社会公示收费标准。同时规定了本市应根据经济社会发展、道路交通状况，对智能网联汽车商业化运营进行调控。上海市交通部门可以根据实际需要，对从事公交、出租、货运等业务的智能网联汽车的发展规模、数量和车型等实行总量调控。

自 2018 年至 2021 年 11 月底，全国已有 6 个省（自治区、直辖市）、30 余个城市出台相关实施细则。其中，北京、上海、广州、深圳等城市明确允许提供收费属性的运输服务。在对自动驾驶车辆提出具体要求的同时，一些城市还提出了优惠措施。如，雄安新区规定对道路测试主体、示范应用主体能够利用雄安新区数字道路基础设施进行深度测试的，可享受优惠使用雄安新区车路协同实时数据、优惠使用 5G 流量、优先发放车辆试运营牌照等政策。表 3-3 梳理了我国相关自动驾驶政策。

我国相关自动驾驶政策情况汇总　　　　　　表 3-3

序号	类型	省级层面开通情况	城市层面开通情况
1	一般道路测试	广东、湖南、海南、浙江、江苏、河南	北京、上海、天津、重庆、广州、长沙、深圳、莆田、柳州、平潭、肇庆、武汉、南京、杭州、济南、合肥、德清、湖州、嘉兴、丽水、襄阳、银川、成都、西安、沧州、阳泉、大连、雄安、青岛、保定、长春
2	载人测试	广东、海南、河南	北京、上海、重庆、广州、长沙、深圳、武汉、合肥、银川、沧州、阳泉、大连、雄安、青岛
3	无人化	—	北京、上海、广州、深圳、沧州、阳泉、雄安
4	高速测试	海南	北京、长沙、沧州
5	示范运营	河南	北京、上海、重庆、广州、长沙、深圳、武汉、沧州、阳泉

表 3-4 为国内部分典型城市自动驾驶政策的对比。

表 3-4 国内部分典型城市自动驾驶政策对比

事项	上海	北京	广州	深圳	重庆	武汉	长沙	沧州
政策更新版本及年份	1.0版：2018年 2.0版：2019年 3.0版：2021年	1.0版：2017年 2.0版：2018年 3.0版：2019年 4.0版：2020年	1.0版：2018年 2.0版：2020年 3.0版：2021年	1.0版：2018年 2.0版：2020年 立法条例：2021年	1.0版：2018年 2.0版：2020年	1.0版：2018年 2.0版：2019年	1.0版：2018年 2.0版：2019年 3.0版：2020年	1.0版：2019年 2.0版：2020年
普通测试牌照及单批次车型数量上限	支持 最多不超过50台	支持 单批次最多可到50台	支持 单批次最多申请过24台	支持 无明确数量限制	支持 无明确数量限制	支持 无明确数量限制	支持 单批次最多申请过45台	支持 单批次最多申请过30台
载人测试/示范应用	√	√	√	√	√	√	√	√
无人化测试	√	√ 主驾驶室有人、主驾驶室无人、车内无人	√ 主驾驶室无人、车内无人	√	×	×	√	√

续上表

事项	上海	北京	广州	深圳	重庆	武汉	长沙	沧州
示范运营（间接收费）	√	√	√	×	√	×	√	√
示范运营（直接收费）	√	×	√	×	限于Bus	√	×	×
商业运营	推进中。浦东新区有立法权	亦庄政策先行区推进中，"1+1+N"的管理规则	混行示范运营方案推进中，"1+1+N"的管理规则	立法条例推进中，"1+1+N"的管理规则	已出台政策先行区方案	发放了道路运输试运营许可证	×	×
地方目录	×	×	√	√	×	×	×	×
蓝色铁牌	×	×	√	√	×	×	×	×
路网范围	559.87km 已开放	762.52km，亦庄拟225km² 和146km高速公路开放	156.294km，拟支持黄埔区、南山区等全域开放	144.69km，坪山区拟全域，蓝色铁牌可全市行驶	162km 已开放	106km 已开放	175km 已开放	229km 已开放

· 063

第 4 章 自动驾驶在交通领域的法律适用性

4.1 法律适用性分析框架

4.1.1 场景选择

1）场景分析的必要性

法律的适用范围往往是社会中特定的关系和行为，虽然允许通过扩大解释的方式增加法律的适用空间，但这也并非没有限制。现行道路交通法律法规是建立在存在驾驶人的道路通行活动以及特定运输经营活动的基础上，以立法形式确立监管制度，防范特定经营活动或通行行为所产生的安全风险，所以针对自动驾驶测试应用的法律适用性分析，也应回归到原有立法的目的上，分析自动驾驶在特定应用场景下的风险能否通过法律法规的扩大解释加以解决。

2）主要场景的选择

目前，自动驾驶的应用存在着许多不同场景，本书主要立足于交通运输主管部门的行业监管领域，尤其是道路交通部分。同时，在区分自动驾驶应用于个人运输、商业运输和公共运输的前提下，由于个人运输活动只是公民行使公路使用权和交通通行权的表现，不涉及运输经营监管，因此不是主要的场景选择。在主要场景选择上，依据道路运输经营传统上区分客运和货运的方式，将客运区分为道路客运、城市公交和出租汽车，同时考虑到道路客运中班线客运与城市公交存在一定的经营监管相似性，包车客运也与出租汽车存在相似的服务功能，因此，客运部分重点分析城市公交和出租汽车的适用性问题。货运部分的分析除了干线公路货运，还囊括了无人配送，主要是考虑其在后期应用过程中存在着向城市配送拓展的可能性。

3）其他场景的适用性问题

对于本书未能分析的自动驾驶应用场景，部分内容只是商业模式的改变，并未改变运输组织方式的本质，也未对既有的运输法律关系产生实质影响，依然应适用相关运输业态的监管规定。此外，对于未来可能产生的新运输组织方式，或者是对现行运输行业划分构成的挑战，需要以修订现有法规规章为前提，可以参考本研究的分析方法，依据修订后法规规章对新业态或者交叉业态进行法律适用性分析。

4.1.2 技术等级

1）不同场景存在不同技术等级

根据汽车驾驶自动化分级国家标准，L0~L2级属于驾驶辅助，L3~L5级属于自动驾驶，而目前进入测试与示范应用阶段的自动驾驶也主要集中在L3~L5级，但不同的应用场景下其技术等级存在一定差异。参考美国运输部2021年1月发布美国《自动驾驶车辆综合计划》，在无人配送车的应用场景下，车辆始终无驾驶人，其只存在有运行条件和无运行条件的区分，技术等级为L4~L5级。城市公交、出租汽车、公路货运都存在由有驾驶人到无驾驶人的过程，这时既存在系统辅助驾驶人的 L0~L2 级应用情形，也存在拥堵交通等特定情形中 L3 级系统的应用，以及完全无人状态下 L4 和 L5 级的应用，但考虑到运输的安全性问题，可能会对 L5 级加以限制，或者说这些应用场景下的 L5 级仍需进一步测试。

2）不同技术等级风险存在差异

不同技术等级汽车驾驶自动化，其在示范应用或运营中的风险是存在差异的。L0~L2 级的风险性较低，主要是因为其风险来源相对单一，仅包括车辆或系统本身的产品缺陷风险、运行中的网络安全风险以及由于可能对驾驶人构成干扰而产生的风险；L3 级的风险性最为复杂，除了上述风险外，还主要包括驾驶人与系统切换过程中产生的风险问题；L4~L5 级的风险性来源也相对单一，基本都来自系统本身，包括产品缺陷风险、网络安全风险以及系统无法被控制而带来的风险。

3）不同技术等级分析侧重不同

由于不同技术等级所产生的风险是不同的，所以在分析法律适用性时应考虑的重点也不同，L0~L2 级辅助驾驶系统应用于客运、货运、出租汽车运输服务时，应重点分析能否或如何保证驾驶人对系统应用的掌握或管控能力；L3 级自动驾驶应用是除了对技术系统的掌握和管控，还要保证驾驶人保持注意义务和接管义务；而 L4~L5 级自动驾驶在应用时还需考虑，在无人的情形下如何保障乘客和货物的运输安全，如何做好突发事件应对，如何保障运输服务质量。

4.1.3 分析维度

1）是否构成应用上的阻碍

法律适用性分析的第一个维度是现行法律法规是否对测试、示范、运营构成障碍,分析既有的以存在驾驶人为前提设立的监管规则能否拓展,从而适用于自动驾驶的相关具体应用场景下。同时,考虑如何通过扩大解释、变通适用或者部分修订的方式对现有法律法规规章进行调整,从而为特定应用场景的自动驾驶运输服务提供可能的发展空间。

2)如何推动更好地应用

法律适用性分析的第二个维度是考虑在未来特定场景下,应用自动驾驶技术开展运输经营活动可能产生的运输安全等风险,同时面对可能产生的新风险,应对如何通过调整现有监管制度,实现负外部性的预防或内化。此外,也采取前瞻性的视角,探寻未来可能的发展方向和合作方式,以此作为鼓励性的立法内容,考虑增加至现有法律法规中,从而设计更好应对未来自动驾驶发展的监管模式,既充分尊重经营主体自主权,又能够有效保证运输安全,同时提升服务水平,为乘客或者托运人提供更高质量的道路运输服务。

4.2 公路使用方面法律适用性分析

4.2.1 总体适用性的分析

1)是否适用公路(或城市道路)相关法律

> 《中华人民共和国公路法》第二条第二款 本法所称公路,包括公路桥梁、公路隧道和公路渡口。
>
> 第六条 公路按其在公路路网中的地位分为国道、省道、县道和乡道,并按技术等级分为高速公路、一级公路、二级公路、三级公路和四

> 级公路。具体划分标准由国务院交通主管部门规定。
>
> **《城市道路管理条例》第二条** 本条例所称城市道路，是指城市供车辆、行人通行的，具备一定技术的道路、桥梁及其附属设施。

无论是自动驾驶的道路测试，还是示范应用，都需要使用公路或者城市道路开展相应的测试或示范应用活动，在我国现行的法律制度下，就是通过《中华人民共和国公路法》及其相关法规规章以及《城市道路管理条例》来调整相应的公路或者城市道路的使用关系。根据公物理论，公路或者城市道路属于典型的公物，而基于公物的提供与使用，构成了行政机关与公路使用人之间的行政法律关系。同时，不同的公路使用人之间还可能构成其他的民事法律关系。

因此，从公路使用关系的角度看，自动驾驶在道路测试、示范应用以及未来正式运营的阶段下，都存在适用公路或城市道路相关法律法规情形。但需特别注意的是封闭道路测试，由于《中华人民共和国公路法》和《城市道路管理条例》都未能从法律层面界定公路或者城市道路的范围，所以自动驾驶从事封闭道路测试的范围可能是供公共通行的道路，适用《中华人民共和国公路法》或者《城市道路管理条例》相关规定，也可能只是特定的区域或者场所，此时在不属于公路或者城市道路的情形下，无法适用相关规定。

2）相关法律适用解决的核心问题

公路作为行政机关履行行政职能的重要基础设施，其完整性和良好使用状态有必要通过法律形式加以保障。根据公物理论，《中华人民共和国公路法》和《城市道路管理条例》立法的根本意图是保障为不特定公众提供出行所必需的公路基础设施，同时保证始终处于良好的使用状态，对于占用或者破坏公路的使用者，有权强制性地要求停止违法行为，并通过执法手段予以行政处罚。

基于此，在自动驾驶道路测试和示范应用的过程中，需要重点考虑以下问题：所选定的公路是否在防碰撞性等方面符合自动驾驶汽车使用要求；自动驾驶汽车对公路的使用是否会造成过度，致使公路遭到破坏；自动驾驶汽车在使用公路时是否会影响其他使用者使用；自动驾驶运营者是否需要对持续使用公路支付相应对价；对于自动驾驶汽车实施的破坏基础设施行为如何对其实施执法活动，强制停止其破坏行为，同时谁应作为责任主体接受行政处罚。

3）具体适用的法律法规范围

由于我国目前实行公路和城市道路的二分管理制度，因此，有关自动驾驶公路使用中的法律适用问题，需要分析《中华人民共和国公路法》及其相关法规规章，包括《公路安全保护条例》《收费公路管理条例》《路政管理规定》等，以及《城市道路管理条例》的相关规定。

4.2.2 具体适用问题分析

1）是否违反制动性能测试要求

> 《中华人民共和国公路法》第五十一条　机动车制造厂和其他单位不得将公路作为检验机动车制动性能的试车场地。
>
> 《公路安全保护条例》第十六条第一款　禁止将公路作为检验车辆制动性能的试车场地。
>
> 《城市道路管理条例》第二十七条　城市道路范围内禁止下列行为：……
>
> （三）机动车在桥梁或者非指定的城市道路上试刹车；……

《中华人民共和国公路法》和《公路安全保护条例》都明确禁止了将公路作

为检验车辆制动性能的试车场地，《城市道路管理条例》也对"试刹车"作出了限制性规定。然而《智能网联汽车道路测试与示范应用管理规范（试行）》第二十二条又规定，省、市级政府相关主管部门在辖区内选择具备支撑自动驾驶及网联功能实现的若干典型路段、区域，供智能网联汽车开展道路测试或示范应用，并向社会公布。这是否存在矛盾？

问题的核心是自动驾驶道路测试或示范应用所做的测试是否是车辆制动性能的检验。汽车的主要性能包括动力性、燃油经济性、制动性、操纵稳定性、行驶平顺性、排放污染及噪声。其中，制动性能主要是指汽车在行驶中能强制减速以至停车，或在下坡时保持一定速度行驶的能力。而汽车的操纵稳定性包含着互相联系的两部分内容：一个是操纵性，一个是稳定性。操纵性是指汽车能够及时而准确地执行驾驶人的转向指令的能力；稳定性是指汽车受到外界扰动（刮风或路面不平）后，能自行尽快地恢复正常行驶状态和方向，而不发生失控，以及抵抗倾覆、侧滑的能力。从目前自动驾驶车辆道路测试和示范应用的主要内容看，主要是操作稳定性的测试，而非制动性测试，其制动性测试应在产品准入环节或者封闭路测阶段检验完成。因此，《中华人民共和国公路法》《公路安全保护条例》《城市道路管理条例》的禁止性规定不具有适用性。

2）是否需要取得占用许可或事先批准

> 《中华人民共和国公路法》第四十四条 任何单位和个人不得擅自占用、挖掘公路。
>
> 《路政管理规定》第八条 除公路防护、养护外，占用、利用或者挖掘公路、公路用地、公路两侧建筑控制区，以及更新、砍伐公路用地上的树木，应当根据《中华人民共和国公路法》和本规定，事先报经交通主管部门或者其设置的公路管理机构批准、同意。

> 《城市道路管理规定》第三十条　未经市政工程行政主管部门和公安交通管理部门批准，任何单位或者个人不得占用或者挖掘城市道路。
>
> 第三十一条　因特殊情况需要临时占用城市道路的，须经市政工程行政主管部门和公安交通管理部门批准，方可按照规定占用。

《智能网联汽车道路测试与示范应用管理规范（试行）》第十一条和第十八条分别规定了道路测试主体和示范应用主体须向公安机关交通管理部门申领试验用机动车临时行驶车号牌，第二十四条还规定了未取得临时行驶车号牌的车辆不得开展道路测试和示范应用。根据《中华人民共和国道路交通安全法》第八条，国家对机动车实行登记制度。机动车经公安机关交通管理部门登记后，方可上道路行驶。尚未登记的机动车，需要临时上道路行驶的，应当取得临时通行牌证。

临时通行牌证并不等同于公路占用许可，其是对尚未登记的机动车，运行其临时上路行驶而颁发一种许可，其代表着符合通行安全而允许上路。而公路占用许可，是代表允许被许可人临时性或者较长时间内独占使用公路路产。因此，《智能网联汽车道路测试与示范应用管理规范（试行）》只解决了上路通行的问题，并未解决对公路路产的使用、占用和利用的问题。

对于自动驾驶测试或示范应用是否需要取得占用许可或者事先批准，核心是区分"使用"和"占用"，其差异在于占用公路往往排除其他使用者的合理使用，具有独占性质，而使用并不会限制其他使用者行使使用权。对于自动驾驶道路测试或示范应用则应考虑是否对公共交通构成干扰，《智能网联汽车道路测试与示范应用管理规范（试行）》第二十五条规定，道路测试车辆、示范应用车辆车身应以醒目的颜色分别标示"自动驾驶道路测试"或"自动驾驶示范应用"等字样，提醒周边车辆及其他道路使用者注意，但不应对周边的正常道路交通活动产生干扰。所以，一般情形下并不会构成"占用"，从而触发许可程序。

但是，少数情况下也会出现由于自动驾驶测试或示范应用可能大批量、长时间、循环性地使用公路，可能会对其他公路使用者使用公路构成干扰的现象。此时则可能构成对公路的"占用"，需要申请许可或者事先批准，特别是当主管部门选定测试路段时，已经考虑了其他使用者正常使用的情形，根据测试或示范应用方案，仍然可能构成某种干扰，此时公路交通主管部门则需要考虑占用许可或事先批准的适用。

3) 是否需要缴纳通行费或者其他费用

> 《收费公路管理条例》第七条 收费公路的经营管理者，经依法批准有权向通行收费公路的车辆收取车辆通行费。
>
> 第三十三条 收费公路经营管理者对依法应当交纳而拒交、逃交、少交车辆通行费的车辆，有权拒绝其通行，并要求其补交应交纳的车辆通行费。
>
> 《城市道路管理条例》第三十七条 占用或者挖掘由市政工程行政主管部门管理的城市道路的，应当向市政工程行政主管部门交纳城市道路占用费或者城市道路挖掘修复费。
>
> 《路政管理规定》第三十二条 根据《中华人民共和国公路法》第四十四条第二款，经批准占用、利用、挖掘公路或者使公路改线的，建设单位应当按照不低于该段公路原有技术标准予以修复、改建或者给予相应的补偿。

关于自动驾驶测试或示范应用过程中是否需要因使用公路而缴纳相关费用，根据公物理论的相关原理，如果是一般正常使用，原则上应该是免费的，例外情形是根据收费公路管理规定确定的通行费，是对收费公路使用者普遍收取的；而如果是许可使用，公路管理者保留收取一定的许可使用费的权力，因为许可使用者往往因许可使用获得了某种特权或者通过使用活动能够获得额外利润；对于具有独占性质的特许使用，则应当因其限制了其他使用者使用，享有某些独占利益而支付一定的费用。

当使用收费公路开展自动驾驶测试或者示范应用时，应当与其他使用者一样缴纳通行费；而对于存在反复测试或示范应用长时间使用收费公路是否可以加收一定费用的问题，需要进行公平性的评估，可以在《收费公路管理条例》中加以明确，也可以通过收费标准以差异化费率的方式解决，同时基于 ETC（Electronic Toll Collection，电子不停车收费）的联网收费技术对于自动驾驶车辆同样适用，实现全程无人化。对于在公路或者城市道路中的自动驾驶测试或示范应用行为构成某种占用时，可以参照《中华人民共和国公路法》的占用补偿机制，以及适用《城市公路管理条例》收取一定的占用费。

4）如何实施路政执法工作

> 《中华人民共和国公路法》第七十一条　公路监督检查人员依法在公路、建筑控制区、车辆停放场所、车辆所属单位等进行监督检查时，任何单位和个人不得阻挠。
>
> 《路政管理规定》第二十四条　有下列违法行为之一的，依照《中华人民共和国公路法》第七十七条的规定，责令停止违法行为，可处 5000 元以下罚款：
>
> （一）违反《中华人民共和国公路法》第四十六条规定，造成公路路面损坏、污染或者影响公路畅通的；
>
> ……
>
> 第二十五条　违反《中华人民共和国公路法》第五十三条规定，造

> 成公路损坏，未报告的，依照《中华人民共和国公路法》第七十八条的规定，处以1000元以下罚款。

在自动驾驶测试或示范应用过程中，特别是无人测试或者无人驾驶的应用场景下，需要格外关注路政执法的实施问题。路政执法人员根据职权可能需要对行驶在公路上的自动驾驶车辆实施监督检查，发现违法行为时需要让其强制停止，并接受处罚。因此，《中华人民共和国公路法》和《路政管理规定》中关于路政执法的相关规定同样适用于自动驾驶测试或示范应用活动。

针对自动驾驶的执法活动，一方面需要特别关注的是保障执法人员的人身安全问题，需要通过人机交互设计，使自动驾驶车辆了解执法人员身份，对执法人员的靠近和监督检查行为予以容忍，对于行政处罚中的告知等程序，可以利用执法全过程记录等机制事先事后向运营者告知；另一方面可以考虑更多采用电子化非现场执法的手段，以及通过与自动驾驶运营者合作，在实现监控信息共享的情形下，采取自动驾驶运营者自我监督，执法人员通过系统实现监督检查等方式，更好地实施路政执法工作。

4.3　道路通行方面法律适用性分析

4.3.1　总体适用性分析

1）测试管理规范确立的制度

《中华人民共和国公路法》及相关法规与《城市道路管理条例》解决的是自动驾驶相关主体能否使用公路开展测试示范应用活动的问题，在取得公路使用权的前提下，才产生接下来的如何使用公路完成测试示范应用活动的问题。在使用公路时，首先，要避免对其他不特定使用者使用公路构成限制，此时仍适用公路相关法律法规；其次，在使用的过程中应尽量避免事故发生，保障其他通行主体安全，同时提升通行效率，实现公路使用效率最大化，此时就需要适用《中华人民共和国道路交通安全法》及其实施条例。

从总体上看，《中华人民共和国道路交通安全法》是针对人类驾驶人进行的制度设计，规定了机动车登记、驾驶人管理、通行规则和事故责任及处理等内容，对自动驾驶的适用性存在一些挑战。然而，从自动驾驶开始进入道路测试起，各地方积极探索《中华人民共和国道路交通安全法》的适用空间，最终总结形成的《智能网联汽车道路测试与示范应用管理规范（试行）》已较为明确和完善地制定了基本管理制度，能够基本满足当前测试和示范应用阶段的通行规则要求。

《智能网联汽车道路测试与示范应用管理规范（试行）》以申领试验用机动车临时行驶车号牌为基本管理手段，并基于此分别对测试主体、示范应用主体、车辆和驾驶人设定了能力、技术、资质要求。该管理规范还规定了对周边人员告知注意义务、车辆应明确标识，以及驾驶人应在车内始终监控车辆运行状态及周围环境，当发现车辆处于不适合自动驾驶的状态或系统提示需要人工操作时及时采取相应措施的义务。

2）技术对通行规则的适用

《智能网联汽车道路测试与示范应用管理规范（试行）》规定道路测试、示范应用主体、驾驶人均应遵守我国道路交通安全法律法规，从目前的技术发展来看，对道路通行相关规则的遵守，是系统设计过程中的重要内容，已经能够完全通过算法软件的设计，植入自动驾驶车辆的"大脑"中，成为一种潜意识，可能较人类驾驶人而言，这种遵守通行规则的意识更为强烈。因此，对于现行《中华人民共和国道路交通安全法》及其实施条例中的通行规则，目前的自动驾驶测试和示范应用车辆基本都能满足其规定要求，总体上不存在适用困难。

4.3.2 具体适用问题分析

1）驾驶（人）员培训与考试管理问题

> 《中华人民共和国道路交通安全法》第二十条第二款　驾驶培训学校、驾驶培训班应当严格按照国家有关规定，对学员进行道路交通安全法律、法规、驾驶技能的培训，确保培训质量。
>
> 《中华人民共和国道路交通安全法实施条例》第二十一条　公安机关交通管理部门应当对申请机动车驾驶证的人进行考试，对考试合格的，在5日内核发机动车驾驶证；对考试不合格的，书面说明理由。
>
> 《中华人民共和国道路运输条例》第四十六条　机动车驾驶员培训机构应当按照国务院交通主管部门规定的教学大纲进行培训，确保培训质量。培训结业的，应当向参加培训的人员颁发培训结业证书。

自动驾驶技术的应用在一定程度上降低了对驾驶人（员）驾驶能力的要求，但同时对于操作控制系统的能力要求确有所提升，《中华人民共和国道路交通安全法》《中华人民共和国道路运输条例》《中华人民共和国道路交通安全法实施条例》分别规定了对驾驶人（员）的培训由社会化机构开展、交通运输部门主管，对驾驶人（员）的考试由公安机关交通管理部门组织开展。虽然现有法律法规并未之间规定培训和考试内容，但其也主要是针对传统的驾驶能力的培训和验证。在自动驾驶测试应用，特别是未来正式商业化运营的情况下，对驾驶人（员）或者车辆监控操作人员的系统或技术管控能力应当被严格培训，同时作为驾驶资格考试的重要内容。

同时由于使用自动驾驶车辆的技术等级不同，对驾驶人（员）或者操作控制人员的能力要求也会有所差异。在未来理想的 L5 级运行状态下可能会完全取消对驾驶人（员）的培训和考试。而在 L0~L2 级驾驶辅助的情形下，也需要特别关注由于驾驶人（员）对辅助驾驶系统的掌握能力不够而产生的潜在风险，这一方面需要通过落实制造商、经销商的产品说明义务，另一方面在从事运输经营的情形下，应当对运用驾驶辅助功能的车辆驾驶人（员），实施专门的技术或操作培训。

2）专用道路划设与使用问题

> 《中华人民共和国道路交通安全法》第三十七条　道路划设专用车道的，在专用车道内，只准许规定的车辆通行，其他车辆不得进入专用车道内行驶。

关于自动驾驶测试应用适用《中华人民共和国道路交通安全法》专用车道有关规定，主要需考虑以下几方面问题：第一是否需要对自动驾驶测试应用在现有道路上划设专用车道？从保障其他道路通行者安全的角度看具有必要性，但同时需要考虑专用车道的划设不应影响现有的通行效率，保障道路使用者既有的通行权利不受侵犯；另外考虑到选择开放道路测试本身就是希望通过真实的交通环境测试自动驾驶车辆的操作稳定性，人为划设专用车道可能对测试目的实现造成影响，可以考虑在划设专用车道的同时，允许其他道路使用者自愿选择使用该车道，参与测试。

第二是既有的公交专用道等专用车道，是否允许开展自动驾驶测试应用？根据《中华人民共和国道路交通安全法》第三十七条，在专用车道内，只准许规定的车辆通行，因此，公交专用道应只允许城乡公交车辆通行。由于对于利用公交专用道等进行自动驾驶测试应用的,需要通过法规规章的规定,明确将自动驾驶车辆纳入规定的车辆范围,同时对于公交车道等的使用,仍应满足自动驾驶测试不对公交车辆正常通行构成限制的要求。

第三是对于新建公路或者城市道路,考虑基础设施智能化转型升级和车路协同的未来发展方向,可以考虑在规划、建设中专门设置自动驾驶专用车道,既满足自动驾驶车辆通行要求,又在目前阶段较大程度保障其他道路使用者通行安全,也为未来自动驾驶技术应用运营提前做好准备。

3)无人配送车道路通行权问题

对于《智能网联汽车道路测试与示范应用管理规范(试行)》所规定的道路测试和示范应用是否适用于无人配送车,实际上是不够明确的。无人配送车与其他智能网联汽车存在一定的区别:第一是无人配送车始终处于低速运行状态,不同于自动驾驶车辆可高速运行;第二是无人配送车中不存在驾驶人,而自动驾驶车辆的驾驶人依然可以控制车辆运行;第三是无人配送车只装载货物、不搭载乘客,因此,安全的风险性明显较低。

该管理规范第八条规定的车辆是指申请用于道路测试、示范应用的智能网联汽车,包括乘用车、商用车辆和专用作业车,不包括低速汽车、摩托车,而"低速无人配送车"是属于专用作业车还是低速汽车,有待进一步明确。《青岛市智能网联汽车道路测试与示范应用管理实施细则(试行)》就明确专用作业车包括但不限于用于快递配送、餐饮配送、自动售卖、环卫清洁、安防巡逻等用途的小型无人专用作业车。

无人配送车能否以及如何获得道路通行权,需要基于其不同的应用场景,判定其是设施,还是车辆。目前,无人配送车的应用场景主要集中于封闭区域内的快递、外卖或其他物品配送,具体又可以区分为室内配送、室外配送和由室外到室内的综合配送,室内配送主要是在建筑物内的封闭区域由无人配送车进行配送,比如在新冠肺炎疫情期间，无人配送车辆在雷神山和其他医院内为确诊患者提供药品、餐饮等的配送；室外配送主要是在社区、学校等处于室外空间的封闭区域内提供快递等的配送服务，相较于固定式的智能快件箱，室外无人车配送解决了收件人到智能快件箱距离较远、高峰时期排队等候时间长等问题；随着研发技术的推进，无人配送车可以实现由室外到室内的综合配送，通过与建筑物门禁、电梯系统的连接，无人配送车可以自由出入建筑物，并乘坐电梯到达指定楼层完成配送。

对于无人配送车的属性和法律地位的认识，目前仍然存在一定的争议，究竟应当将无人配送车界定为装载货物的运输车辆，还是可以将其认定为一种类似于"可移动智能快件箱"的特殊设施仍无定论。《智能快件箱寄递服务管理办法》第二条第二款规定："智能快件箱是指提供快件收寄、投递服务的智能末端服务设施。"该概念并未对设施是否固定、能否移动作出限制，因此，为适用无人配送车提供了可能。我们认为，对于无人配送车法律地位的界定应当根据其应用场景进行区分，当无人配送车应用于封闭区域配送快件或其他物品时，应当属于服务设施，类似于"可移动智能快件箱"，而当无人配送车应用于在城市公共道路或者农村公路的快件接驳运输时，其应当被认定为运输货物的车辆。

无人配送车载运快件等货物在城市公共道路或者农村公路上低速通行，在适用《中华人民共和国道路交通安全法》时也存在一定问题，由于《中华人民共和国道路交通安全法》区分机动车和非机动车，并实施不同的通行规则和管理要求，对于无人配送车首先需要明确其属于机动车还是非机动车。从技术性能上看，无人配送车应属于机动车。但从应用功能上看无人配送车主要取代传统电动三轮车、摩托车的场景功能；将无人配送车认定为机动车，在适用《中华人民共和国道路交通安全法》第十九到二十四条有关机动车驾驶人的要求时存在法律障碍问题。

从目前各地方的测试应用管理规范看，存在不同的探索，北京、上海都将其纳入无人化测试监管范围，《上海市智能网联汽车测试与示范实施办法》第十七条还明确优先支持在机场、港口和产业园区等特定交通场景开展接驳、托运配送、环卫、泊车等测试和应用。《深圳经济特区智能网联汽车管理条例》则规定，完全自动驾驶的智能网联汽车可以不具有人工驾驶模式和相应装置，可以不配备驾驶人。但是，无驾驶人的完全自动驾驶智能网联汽车只能在市公安机关交通管理部门划定的区域、路段行驶。

4.4 运输经营方面法律适用性分析

4.4.1 总体适用性分析

1）适用道路运输经营法规的阶段

现行《中华人民共和国道路运输条例》并未对道路运输经营的范围作出界定，2020年11月公开征求意见的《中华人民共和国道路运输条例》（修订草案征求意见稿），参考了《中华人民共和国民法典》第八百零九条关于运输合同的界定，"运输合同是承运人将旅客或者货物从起运地点运输到约定地点，旅客、托运人或者收货人支付票款或者运输费用的合同"，将道路运输经营及相关业务服务界定为"为社会提供道路运输以及道路运输相关业务服务，并发生票款支付或者费用结算的经营活动"。

运输主体提供运输服务是否具有营利性是判断构成道路运输经营的关键，从目前自动驾驶的示范应用情况看，中央层面尚未允许示范应用收费，地方层面已通过示范运营等阶段划分，明确自动驾驶示范运营主体可以收费，此时该主体构成道路运输经营者身份，需要适用《中华人民共和国道路运输条例》及相关部门规章，以及出租汽车、城市公交相关规定。

2）运输经营法规适用中的核心考量

在分析自动驾驶运营主体的法律适用问题时，需主要考量三方面影响：其一是对运输安全的影响，由于自动驾驶技术尚在发展阶段，技术的成熟度和稳定性尚不能完全被认定，在开展向不特定乘客或者托运人提供运输服务时，如何保障运输的安全性，有待进一步论证；其二是对运输市场的影响，对于客运和货运市场，需要考虑新的自动驾驶运营者的引入，需要考虑会对既有市场机构和市场环境带来的影响，客运市场的既有经营者是否会受到冲击，货运市场是否会造成竞争加剧，对职业驾驶员收入产生影响；其三是对服务质量的影响，自动驾驶提供客运服务中还需考虑所提供服务的质量问题，特别是完全自动驾驶阶段，如何在运输途中保证对乘客的服务和应急管理，是否需要乘务员等问题，需要特别考量。

3）重点分析的适用法规规章范围

由于目前出租汽车经营尚未纳入《中华人民共和国道路运输条例》，同时《城市公共交通管理条例》也未出台，在道路运输领域除了分析《中华人民共和国道路运输条例》及其相关部门规章外，还需要分析《城市公共汽车和电车客运管理规定》《巡游出租汽车经营服务管理规定》《网络预约出租汽车经营服务管理暂行办法》中相关的适用性问题。

4.4.2 共同性具体适用问题分析

1）是否需要取得经营主体许可资质

道路运输经营是通过经营许可或者特许经营协议的方式对经营主体的运营能力加以认定，其主要的许可条件包括车辆、驾驶员及其他从业人员、运营方案、经营服务管理制度、安全生产管理制度和服务质量保障制度，对于网络预约出租汽车经营许可还要求了相关线上服务能力（表4-1）。

道路运输领域经营许可条件对比　　　　　　　　　　　表 4-1

业态	法律规范与许可条件
道路客运	《中华人民共和国道路运输条例》第八条： （1）有与其经营业务相适应并经检测合格的车辆。 （2）有符合本条例第九条规定条件的驾驶人员。 （3）有健全的安全生产管理制度
城市公交	《城市公共汽车和电车客运管理规定》第十五条： （1）具有企业法人营业执照。 （2）具有符合运营线路要求的运营车辆或者提供保证符合国家有关标准和规定车辆的承诺书。 （3）具有合理可行、符合安全运营要求的线路运营方案。 （4）具有健全的经营服务管理制度、安全生产管理制度和服务质量保障制度。 （5）具有相应的管理人员和与运营业务相适应的从业人员。 （6）有关法律、法规规定的其他条件
巡游出租汽车	《巡游出租汽车经营服务管理规定》第八条： （1）有符合机动车管理要求并满足以下条件的车辆或者提供保证满足以下条件的车辆承诺书： ①符合国家、地方规定的巡游出租汽车技术条件； ②有按照本规定第十三条规定取得的巡游出租汽车车辆经营权。 （2）有取得符合要求的从业资格证件的驾驶人员。 （3）有健全的经营管理制度、安全生产管理制度和服务质量保障制度。 （4）有固定的经营场所和停车场地
网络预约出租汽车	《网络预约出租汽车经营服务管理暂行办法》第五条： （1）具有企业法人资格。 （2）具备开展网络预约出租汽车经营的互联网平台和与拟开展业务相适应的信息数据交互及处理能力，具备供交通、通信、公安、税务、网信等相关监管部门依法调取查询相关网络数据信息的条件，网络服务平台数据库接入出租汽车行政主管部门监管平台，服务器设置在中国内地，有符合规定的网络安全管理制度和安全保护技术措施。 （3）使用电子支付的，应当与银行、非银行支付机构签订提供支付结算服务的协议。 （4）有健全的经营管理制度、安全生产管理制度和服务质量保障制度。

续上表

业态	法律规范与许可条件
网络预约出租汽车	（5）在服务所在地有相应服务机构及服务能力。 （6）法律法规规定的其他条件
道路货运	《中华人民共和国道路运输条例》第二十一条： （1）有与其经营业务相适应并经检测合格的车辆。 （2）有符合本条例第二十二条规定条件的驾驶人员。 （3）有健全的安全生产管理制度

总体上看，道路运输经营相关领域的许可条件更多地侧重于对经营能力和服务管理能力的考察，对于通过自动驾驶提供相关运输服务，虽然以自动驾驶车辆提供服务，但仍是向不特定公众提供，特别是客运领域，将成为公共运输服务的重要内容。因此，要求自动驾驶运营主体取得经营主体许可资质具有必要性。同时，许可准入也是行业主管部门对自动驾驶运营服务实施监管的重要手段，在自动驾驶技术风险性尚不完全明晰的情况下，通过准入的方式控制潜在的运输风险也是必要的。因此，自动驾驶运营主体从事道路运输经营需要取得相应的经营许可资质。

2）是否需要满足运输车辆技术要求

《道路运输车辆技术管理规定》第七条

（一）车辆的外廓尺寸、轴荷和最大允许总质量应当符合《道路车辆外廓尺寸、轴荷及质量限值》（GB 1589）的要求。

（二）车辆的技术性能应当符合《道路运输车辆综合性能要求和检验方法》（GB 18565）的要求。

（三）车型的燃料消耗量限值应当符合《营运客车燃料消耗量限

值及测量方法》(JT 711)、《营运货车燃料消耗量限值及测量方法》(JT 719)的要求。

(四)车辆技术等级应当达到二级以上。危险货物运输车、国际道路运输车辆、从事高速公路客运以及营运线路长度在800km以上的客车,技术等级应当达到一级。技术等级评定方法应当符合国家有关道路运输车辆技术等级划分和评定的要求。

(五)从事高速公路客运、包车客运、国际道路旅客运输,以及营运线路长度在800km以上客车的类型等级应当达到中级以上。其类型划分和等级评定应当符合国家有关营运客车类型划分及等级评定的要求。

(六)危险货物运输车应当符合《汽车运输危险货物规则》(JT 617)的要求。

考虑到自动驾驶车辆尚处于测试和示范运营阶段,现阶段的自动驾驶车辆尚无法具备《道路运输车辆技术管理规定》对营运车辆技术等级和类型所作的区分和要求。需要参考《智能网联汽车道路测试与示范应用管理规范(试行)》的监管方式,构建新的对运营车辆的监管要求,第一是通过除耐久性以外的强制性检验项目要求;第二是提供其未降低车辆安全性能的证明;第三是保证具备人工操作和自动驾驶两种模式,且能够以安全、快速、简单的方式实现模式转换并有相应的提示,保证在任何情况下都能将车辆即时转换为人工操作模式。

除了该管理规范提出的车辆要求外,对于提供道路运输经营服务所使用的自动驾驶车辆,还需要满足经过一定期限的测试或者示范应用,未发生事故或者发现明显风险,自动驾驶运营主体也需要通过自我承诺的方式,保证所使用的车辆能够最大限度满足运输服务质量和安全性的要求。同时,行业监管部门应当加大对承诺履行的监督检查力度,《智能网联汽车道路测试与示范应用管理规范(试行)》已要求具备车辆状态记录、存储及在线监控功能,能实时回传相关信息与自动驾驶运营主体积极开展合作,实现对运营服务提供车辆的实时动态监控。

3)是否适用从业人员资格要求

道路运输领域从业资格要求对比见表4-2。

道路运输领域从业资格要求对比　　　　　　　表4-2

业态	法律规范与从业资格要求
测试示范	《智能网联汽车道路测试与示范应用管理规范(试行)》第七条: (1)与道路测试、示范应用主体签订有劳动合同或劳务合同。 (2)取得相应准驾车型驾驶证并具有3年以上驾驶经历。 (3)最近连续3个记分周期内没有被记满12分记录。 (4)最近1年内无超速50%以上、超员、超载、违反交通信号灯通行等严重交通违法行为记录。 (5)无饮酒后驾驶或者醉酒驾驶机动车记录,无服用国家管制的精神药品或者麻醉药品记录。 (6)无致人死亡或者重伤且负有责任的交通事故记录。 (7)经道路测试、示范应用主体培训合格,熟悉自动驾驶功能测试评价规程、示范应用方案,掌握车辆道路测试、示范应用操作方法,具备紧急状态下应急处置能力。 (8)法律、行政法规、规章规定的其他条件
道路客运	《中华人民共和国道路运输条例》第九条: (1)取得相应的机动车驾驶证。 (2)年龄不超过60周岁。 (3)3年内无重大以上交通责任事故记录。 (4)经设区的市级道路运输管理机构对有关客运法律法规、机动车维修和旅客急救基本知识考试合格
城市公交	《城市公共汽车和电车客运管理规定》第二十七条: (1)具有履行岗位职责的能力。 (2)身心健康,无可能危及运营安全的疾病或者病史。 (3)无吸毒或者暴力犯罪记录

续上表

业态	法律规范与从业资格要求
城市公交	从事城市公共汽电车客运的驾驶员还应当符合以下条件： （1）取得与准驾车型相符的机动车驾驶证且实习期满。 （2）最近连续 3 个记分周期内没有记满 12 分违规记录。 （3）无交通肇事犯罪、危险驾驶犯罪记录，无饮酒后驾驶记录
出租汽车	《出租汽车驾驶员从业资格管理规定》第十条： （1）取得相应准驾车型机动车驾驶证并具有 3 年以上驾驶经历。 （2）无交通肇事犯罪、危险驾驶犯罪记录，无吸毒记录，无饮酒后驾驶记录，最近连续 3 个记分周期内没有记满 12 分记录。 （3）无暴力犯罪记录。 （4）城市人民政府规定的其他条件
道路货运	《中华人民共和国道路运输条例》第二十二条： （1）取得相应的机动车驾驶证。 （2）年龄不超过 60 周岁。 （3）经设区的市级道路运输管理机构对有关货运法律法规、机动车维修和货物装载保管基本知识考试合格（使用总质量 4500kg 及以下普通货运车辆的驾驶人员除外）

《智能网联汽车道路测试与示范应用管理规范（试行）》第七条已经对测试和示范应用驾驶人的驾驶能力和经验提出了较高的要求，除了驾驶人年龄和无暴力犯罪要求外，基本囊括《中华人民共和国道路运输条例》等对驾驶能力的要求。此外，对运输经营从业驾驶员的能力要求，还包括了客运货运法律法规、机动车维修、旅客急救基本知识的掌握、货物装载保管基本知识等内容，为保障所提供运输服务的安全性和高质量，有必要保留对相关从业人员资格能力的适用要求。

自动驾驶领域近期内从事的客运和货运经营，仍须保留相关从业人员；对从业人员的能力要求，除了上述方面外，还需重点考虑对自动驾驶操作系统的掌握程度、对运输服务过程中应急处置能力等内容。在无人配送或者远期的货运经营中，可以考虑不再要求具有驾驶员，而由远程操作员实施技术控制，此时不再需要适用关于从业人员资格能力的要求。在技术成熟度发展到一定阶段时，可以考虑对客运经营取消驾驶员，此时需重新分析是否需要乘务员参与运输。日本的《限定区域自动驾驶汽车客运经营服务安全性和便利性的指南》就根据座位数是否在11座以上进行了区分，对于不需要配备乘务员的，对车辆自动控制性能有更高要求。

4.4.3　不同场景特别考虑的适用问题

1）客运公交场景中的适用问题

> **《中华人民共和国道路运输条例》第十二条**　县级以上道路运输管理机构在审查客运申请时，应当考虑客运市场的供求状况、普遍服务和方便群众等因素。同一线路有3个以上申请人时，可以通过招标的形式作出许可决定。
>
> **《城市公共汽车和电车客运管理规定》第十四条**　城市公共汽电车客运按照国家相关规定实行特许经营，城市公共交通主管部门应当根据规模经营、适度竞争的原则，综合考虑运力配置、社会公众需求、社会公众安全等因素，通过服务质量招投标的方式选择运营企业，授予城市公共汽电车线路运营权；不符合招投标条件的，由城市公共交通主管部门择优选择取得线路运营权的运营企业。城市公共交通主管部门应当与取得线路运营权的运营企业签订线路特许经营协议。

在自动驾驶适用班线客运和城市公交时需要考虑线路经营权对自动驾驶经营主体的适用问题。第一，目前阶段如果允许自动驾驶客运完全按旅客需求经营，一方面会对既有的线路经营者和经营权益造成冲击，另一方面不利于满足特殊主体对固定线路的需求。在现有运输监管方式保留线路经营权许可的情况下，自动驾驶经营主体从事道路客运和城市公交运输服务时也应取得线路经营权。第二，自动驾驶经营主体所取得的经营线路，应不构成对既有线路的冲击，行业主管部门在审批时应当考量有关因素。第三，行业主管部门应当考虑特定线路运营传统班线和自动驾驶的成本效益，对于长距离运输、农村客运、接驳运输的场景可以优先发展自动驾驶。

> 《城市公共汽车和电车客运管理规定》第二十一条 城市公共交通主管部门应当配合有关部门依法做好票制票价的制定和调整，依据成本票价，并按照鼓励社会公众优先选择城市公共交通出行的原则，统筹考虑社会公众承受能力、政府财政状况和出行距离等因素，确定票制票价。运营企业应当执行城市人民政府确定的城市公共汽电车票制票价。

自动驾驶城市公交运营中还需要考虑运价机制的适用问题。《上海市智能网联汽车道路测试和示范应用办法》就规定示范运营主体可向服务对象按成本收取一定费用，但不得按商业化运营模式收费，收费标准应当报推进机制审核通过。对于自动驾驶客运服务，需要重新考虑确定其价格机制，而在城市公交运营中，自动驾驶也应适用《城市公共汽车和电车客运管理规定》中"运营企业应当执行城市人民政府确定的城市公共汽电车票制票价"的规定。

此外，自动驾驶从事道路客运、城市公交，还应当遵守《中华人民共和国道路运输条例》和《城市公共汽车和电车客运管理规定》中关于运营服务和运营安全的要求，保证其提供的服务质量和安全保障水平不低于传统道路客运和城市公交服务。

2）出租汽车场景中的适用问题

自动驾驶出租汽车经营适用的首要问题是应当界定为哪种类型，适用巡游出租汽车、网络预约出租汽车，还是汽车租赁的管理规定。目前，我国出租汽车经营中区分巡游出租汽车和网络预约出租汽车两种模式，分别适用不同的管理规定，巡游出租汽车经营监管机制以经营权取得为前提而构建，网络预约出租汽车监管更侧重于线上服务能力。对于自动驾驶出租汽车经营，可能同时存在巡游和网络预约的模式，一方面从保护既有巡游出租汽车经营权主体的经营利益考虑，另一方面考虑目前测试应用的阶段性，以手机预约的形式开展，自动驾驶出租汽车适用《网络预约出租汽车经营服务管理暂行办法》关于经营服务的有关要求更为合适。具体可以参照《网络预约出租汽车经营服务管理暂行办法》第四章的相关规定执行。

自动驾驶出租汽车经营也与汽车分时租赁存在一定的相似性，但其也还是存在差异，自动驾驶出租汽车经营仍解决的是搭载乘客由起始地运输至目的地的问题，而租赁自动驾驶车辆更多的是在时间维度上享有使用权。同时考虑到两者在提供运输经营服务时区分的困难性，可以考虑要求从事自动驾驶车辆分时租赁的经营者也需适用《网络预约出租汽车经营服务管理暂行办法》的许可条件和经营管理要求。

3）道路货运场景中的适用问题

> 《中华人民共和国道路运输条例》第二十五条 货运经营者不得运输法律、行政法规禁止运输的货物。法律、行政法规规定必须办理有关手续后方可运输的货物，货运经营者应当查验有关手续。
>
> 第二十六条 货运经营者应当采取必要措施，防止货物脱落、扬撒等。
>
> 第二十九条 生产（改装）客运车辆、货运车辆的企业应当按照国家规定标定车辆的核定人数或者载重量，严禁多标或者少标车辆的核定人数或者载重量。

自动驾驶道路货运经营应当遵守《中华人民共和国道路运输条例》第二十五、二十六和二十九条关于不得运输禁运物品、防止脱落扬撒和禁止超载的相关规定。

此外，需重点关注自动驾驶危险货物运输的问题。目前，无论是《智能网联汽车道路测试与示范应用管理规范（试行）》，还是地方的管理细则，都明确排除了危险货物运输的应用，但实际上针对危险货物的运输也是自动驾驶技术发展的重要应用领域。不同国家在发展自动驾驶货运时考量的因素略有不同，日本希望通过自动驾驶货运编队的快速应用，解决人口老龄化带来的货运驾驶员短缺问题，我国则不存在这方面问题，同时近期货运驾驶员的权益保障得到了重视。

德国发展自动驾驶货物运输的重要目标就是实现危险货物的自动驾驶运输，一方面是德国原有的危险货物运输设备安全性较高，对自动驾驶运输危险货物的安全风险预期较低，另一方面是认为自动驾驶能够最大限度承担避免人为操作中的不必要差错，能够在一定程度上降低故事发生概率。随着自动驾驶技术成熟度和应用规模的不断扩大，适用于危险货物运输、实现运输全过程的无人化将成为趋势，可以提前考虑在《危险货物道路运输安全管理办法》和《道路危险货物运输管理规定》修订中提供适用空间。

4）无人配送场景中的适用问题

对于在无人配送车应用于城市公共道路或者农村公路的快件接驳运输的场景下，是适用邮政快递行业管理要求，还是适用道路货物运输行业管理要求也存在争议。《中华人民共和国邮政法》规定"快递，是指在承诺的时限内快速完成的寄递活动。""快件，是指快递企业递送的信件、包裹、印刷品等。"而对于包裹，《中华人民共和国邮政法》限定了其质量和尺寸，即包裹是指按照封装上的名址递送给特定个人或者单位的独立封装的物品。其中质量不超过 50kg，任何一边的尺寸不超过 150cm，长、宽、高合计不超过 300cm。

基于上述规定，货物运输与快递服务的区分主要两个方面：第一是寄递的时效性，第二是寄递物品的质量和尺寸。而2018年新制定的《快递暂行条例》将《中华人民共和国邮政法》中快件概念中的"等"作了明确的扩大解释，将快件的范围界定为"信件、包裹、印刷品以及其他寄递物品"，因此，对于其他寄递物品是否可以突破《中华人民共和国邮政法》的快件概念范围，将超过包裹要求质量和尺寸的货物也纳入快递行业管理仍存在一定争议。

第 5 章 现有交通法规相关条款完善建议

5.1 《中华人民共和国公路法》

《中华人民共和国公路法》于 1997 年 7 月 3 日经第八届全国人民代表大会常务委员会第二十六次会议通过，根据 2017 年 11 月 4 日第十二届全国人民代表大会常务委员会第三十次会议《关于修改〈中华人民共和国会计法〉等十一部法律的决定》第五次修正。《中华人民共和国公路法》旨在加强公路的建设和管理，促进公路事业的发展，内容包括公路建设、试车场地、公路附属设施等。

1）公路建设

> 第二十四条 公路建设单位应当根据公路建设工程的特点和技术要求，选择具有相应资格的勘察设计单位、施工单位和工程监理单位，并依照有关法律、法规、规章的规定和公路工程技术标准的要求，分别签订合同，明确双方的权利义务。

目前，可适用于自动驾驶技术的公路工程技术标准尚未制定，现有公路工程技术标准也没有根据自动驾驶发展情况作出相应修订。与此同时，针对自动驾驶行驶道路的勘察设计单位资格要求方面同样相对空白。因此，在未来大规模建设自动驾驶专用道路的趋势下，在自动驾驶商业运营初期，建议及时编制或修订适用于自动驾驶场景的公路工程技术标准，并修订相关道路勘察设计单位的资格要求。

2）试车场地

> **第五十一条** 机动车制造厂和其他单位不得将公路作为检验机动车制动性能的试车场地。

2018年，《中华人民共和国公路法》修订案草案第二次征求意见稿中拟将第五十一条修改为：机动车制造厂和其他单位非经依法批准不得将公路作为检验机动车制动性能的试车场地。

> **第七十七条** 违反本法第四十六条的规定，造成公路路面损坏、污染或者影响公路畅通的，或者违反本法第五十一条规定，将公路作为试车场地的，由交通主管部门责令停止违法行为，可以处五千元以下的罚款。

依据征求意见稿，经过依法批准，公路可以作为试车场地。在未来由自动驾驶车辆提供运输服务的场景下，公路可以作为试营业的先行试验场地。因此，在自动驾驶开放式道路测试阶段，建议尽快通过修订案草案第二次征求意见稿。

3）公路附属设施

> 第五十二条　任何单位和个人不得损坏、擅自移动、涂改公路附属设施。
>
> 第七十条　交通主管部门、公路管理机构负有管理和保护公路的责任，有权检查、制止各种侵占、损坏公路、公路用地、公路附属设施及其他违反本法规定的行为。

《中华人民共和国公路法》中的公路附属设施，是指"为保护、养护公路和保障公路安全畅通所设置的公路防护、排水、养护、管理、服务、交通安全、渡运、监控、通信、收费等设施、设备以及专用建筑物、构筑物等"。随着自动驾驶公路的推广，大量服务于自动驾驶监控、通信功能的公路附属设施将得到大规模应用。依据《中华人民共和国公路法》，此类公路附属设施依然属于交通主管部门、公路管理机构的管辖范围，任何侵占、损坏以及擅自移动、涂改公路附属设施的行为均属于违法行为。此外，针对目前逐渐出现的通信系统黑客行为，建议纳入"侵占、损坏公路公路附属设施"的概念范畴。因此，在自动驾驶商业运营初期，随着大量自动驾驶道路建设的推进，建议建立自动驾驶相关公路附属设施审批制度，以帮助简化大量自动驾驶相关公路附属设施的建设安装，避免无序化、盲目化。同时，在自动驾驶商业运营中期，建议建立相关公路附属设施的定期检查机制，以帮助维持自动驾驶相关公路附属设施的良好有序运行，保证自动驾驶车辆的安全通行。

4）公路监管

> 第七十一条　公路监督检查人员依法在公路、建筑控制区、车辆停

> 放场所、车辆所属单位等进行监督检查时，任何单位和个人不得阻挠。公路经营者、使用者和其他有关单位、个人，应当接受公路监督检查人员依法实施的监督检查，并为其提供方便。

随着自动驾驶技术的应用，公路使用者将从驾驶人拓展至地图导航、通信服务、驾驶算法、数据安保等方面，这些领域的供应商将同样成为公路的使用者。依据《中华人民共和国公路法》，公路监督检查人员有权对其实施监督检查，此类供应商也应当为其提供方便。因此，在自动驾驶商业运营中期，建议建立自动驾驶公路定期监督检查机制，以保证自动驾驶公路环境良好有序运行。

5）公路养护责任承担

> **第四十八条第二款** 农业机械因当地田间作业需要在公路上短距离行驶或者军用车辆执行任务需要在公路上行驶的，可以不受前款限制，但是应当采取安全保护措施。对公路造成损坏的，应当按照损坏程度给予补偿。

自动驾驶测试或示范应用中可能存在长时间、重复性使用测试道路，从而相对于其他使用者，会增加公路养护工作负担。基于此，允许公路管理机构或者养护主体向自动技术运营者收取一定的额外费用，或者承担额外的责任，具有合理性。一种方式是可以由自动驾驶测试或示范应用主体与养护主体之间达成协议，对于超长使用造成的公路潜在损害，向养护主体额外负担一定的养护费用补偿，为避免私法协议以公路为标的，可能会对公路权益造成侵害，协议本身须经公路管理部门审核。

另一种方式是通过修订法律法规，明确在测试或示范应用阶段结束后，由公路管理机构检查公路的损坏承担或潜在影响，由自动驾驶测试或示范应用主体负责恢复到原有的状态。

> **修订完善建议**
>
> 加强车路协调下的规划建设。为推动车路协同路径下的自动驾驶以更加安全的方式应用，实现公路基础设施数字转型升级，构建智能交通系统，可以考虑在《中华人民共和国公路法》修订中增加"公路的智能化升级"作为专门一章，规定智能化公路的概念、公路智能化升级改造应纳入规划并提供财政保障、公路智能化系统维护中的各方责任，以及车路协同的实现方式等。特别是可以考虑公路智能化升级改造是否能够被认定为公路改建，收费公路经营主体因公路智能化升级改造而承担的支出，转化为未来的通行费收入，从而可以延长一定的收费期限。

5.2 《公路安全保护条例》

《公路安全保护条例》经 2011 年 2 月 16 日国务院第 144 次常务会议通过，并于 2011 年 7 月 1 日起施行。《公路安全保护条例》主要根据《中华人民共和国公路法》制定，旨在加强公路保护，保障公路完好、安全和畅通。《公路安全保护条例》的内容主要包括公路线路、公路通行、公路养护等。

1）公路线路

> **第十六条** 禁止将公路作为检验车辆制动性能的试车场地。

本条款中有关"试车场地"的规定并未明确其是否适用于自动驾驶汽车开放道路测试行为。因此,在自动驾驶汽车开展开放道路测试阶段,如果需要在高速公路上进行测试检验,应当适时修改条例中关于"试车场地"的规定。

2)公路通行

> **第三十条** 车辆的外廓尺寸、轴荷和总质量应当符合国家有关车辆外廓尺寸、轴荷、质量限值等机动车安全技术标准,不符合标准的不得生产、销售。
>
> **第三十一条** 公安机关交通管理部门办理车辆登记,应当当场查验,对不符合机动车国家安全技术标准的车辆不予登记。

机动车安全技术标准直接与机动车辆的生产销售和车辆登记直接挂钩,而现有自动驾驶技术尚未纳入机动车安全技术标准。因此,在自动驾驶商业开放道路测试阶段亟待进行安全技术标准方面的修订,以帮助推进自动驾驶车辆的测试进程。在自动驾驶商业运营初期,随着自动驾驶车辆行驶信息的逐渐累积,可制定针对自动驾驶车辆的国家安全技术标准。

3)公路养护

(1)公路主体设施养护。

> **第四十七条** 公路管理机构、公路经营企业应当按照国务院交通运输主管部门的规定对公路进行巡查,并制作巡查记录;发现公路坍塌、坑槽、隆起等损毁的,应当及时设置警示标志,并采取措施修复。公安机关交通管理部门发现公路坍塌、坑槽、隆起等损毁,危及交通安全的,

应当及时采取措施，疏导交通，并通知公路管理机构或者公路经营企业。其他人员发现公路坍塌、坑槽、隆起等损毁的，应当及时向公路管理机构、公安机关交通管理部门报告。

  第四十八条 公路管理机构、公路经营企业应当定期对公路、公路桥梁、公路隧道进行检测和评定，保证其技术状态符合有关技术标准；对经检测发现不符合车辆通行安全要求的，应当进行维修，及时向社会公告，并通知公安机关交通管理部门。

在自动驾驶车辆的行驶过程中，公路基础设施的坍塌、坑槽、隆起等损毁情况会严重危及行驶过程中的交通安全。因此，在自动驾驶商业运营阶段中期，亟须修改公路主体设施养护技术标准，以使其保障自动驾驶的道路驾驶环境；而在自动驾驶商业运营阶段后期，需适时制定公路主体设施养护规章，以向自动驾驶车辆及时更新道路损毁情况。

（2）公路附属设施养护。

  第四十九条 公路管理机构、公路经营企业应当定期检查公路隧道的排水、通风、照明、监控、报警、消防、救助等设施，保持设施处于完好状态。

在自动驾驶的车路协同发展过程中，公路基础设施建设方面将增设支撑自动驾驶技术的感知、通信、定位等路侧支撑设施，以实现对自动驾驶车辆进行自动驾驶过程中的操控功能，此类设施的定期检查和是否保持完好对自动驾驶的安全至关重要。因此，一方面，在自动驾驶商业运营阶段初期，需在条例条款的检查范围中添加感知、通信、定位等路侧支撑设施；另一方面，在自动驾驶商业运营阶段中期，需适时修改公路附属设施养护检查规章，以实现对感知、通信、定位等路侧支撑设施的定期检查。

4）设施损坏惩治

> **第六十六条** 对1年内违法超限运输超过3次的货运车辆，由道路运输管理机构吊销其车辆营运证；对1年内违法超限运输超过3次的货运驾驶人，由道路运输管理机构责令其停止从事营业性运输；道路运输企业1年内违法超限运输的货运车辆超过本单位货运车辆总数10%的，由道路运输管理机构责令道路运输企业停业整顿；情节严重的，吊销其道路运输经营许可证，并向社会公告。
>
> **第七十一条** 造成公路、公路附属设施损坏的单位和个人应当立即报告公路管理机构，接受公路管理机构的现场调查处理；危及交通安全的，还应当设置警示标志或者采取其他安全防护措施，并迅速报告公安机关交通管理部门。

按照《公路安全保护条例》规定，当公路以及公路附属设施发生损坏时，需对造成损坏的"单位和个人"进行相应处罚。与此同时，针对超限运输，对1年内违法超限运输超过3次的"货运驾驶人"，由道路运输管理机构责令其停止从事营业性运输。然而，在自动驾驶商业运营阶段，自动驾驶车辆的责任主体存在不明确的问题，在个人和单位的界定问题上存在较大空白。因此，在自动驾驶商业运营阶段中期，需明确公路设施损坏行为的处罚责任主体，并在条例中予以修订。

5）专用公路

> **第七十五条** 村道的管理和养护工作，由乡级人民政府参照本条例的规定执行。专用公路的保护不适用本条例。

根据《中华人民共和国公路法》，专用公路是指由企业或者其他单位建设、养护、管理，专为或者主要为本企业或者本单位提供运输服务的道路。一般专用公路包括厂矿公路、林区公路等，即由工矿、农林等部门投资修建，主要为该部门使用的公路。目前，自动驾驶技术有望在工矿、农林等场景率先实现落地。因此，在自动驾驶商业运营阶段前期，可先以专用公路作为自动驾驶技术的先行示范点，鼓励其自由发展；而在自动驾驶商业运营阶段中后期，待技术发展成熟后，再于《公路安全保护条例》或相关办法中添加对自动驾驶专用公路相关的管理内容。

6）测试范围的选定

> **第三十八条第二款** 经批准进行超限运输的车辆，应当随车携带超限运输车辆通行证，按照指定的时间、路线和速度行驶，并悬挂明显标志。
>
> **第四十二条** 载运易燃、易爆、剧毒、放射性等危险物品的车辆，应当符合国家有关安全管理规定，并避免通过特大型公路桥梁或者特长公路隧道。

对于公路一般使用者的正常使用，法律一般不会设置限制，允许使用者自行选择通行线路或者通行时间等，其原因是公路既然是供不特定使用者正常使用，就不应对其施加不必要的限制，从而影响其使用权的行使。但对于某些存在潜在对公路破坏风险或者影响其他公路使用者正常使用的，需要对其使用施加额外的限制要求，比如《公路安全保护条例》对超限运输车辆、危险物品运输车辆在使用公路上设置了一定的要求。

对于自动驾驶车辆在测试或示范应用过程中使用公路，一方面由于自动驾驶系统本身可能存在的不稳定性，可能会对公路基础设施造成破坏，另一方面由于自动驾驶测试或示范应用可能大批量、长时间、循环性地使用公路，可能会对其他公路使用者构成使用公路的限制。因此，自动驾驶测试或示范应用主体不能自主选择使用公路范围，应由了解公路设施安全属性，同时对公路负有养护和管理职责的行政机关，在考虑公路设施防碰撞性以及不影响其他使用者使用的前提下，选择合适的公路范围。此外，对于使用可能严重影响公路设施完整性、稳固性的自动驾驶测试或者示范应用，应当参考超限运输车辆、危险货物运输车辆设置限制要求。

> **修订完善建议**
>
> 完善公路养护协调巡查机制。《公路安全保护条例》第四十七条第三款规定，其他人员发现公路坍塌、坑槽、隆起等损毁的，应当及时向公路管理机构、公安机关交通管理部门报告。

《公路安全保护条例》规定了发现公路坍塌、坑槽、隆起等损毁向公路管理机构报告的义务，也应当同时适用于自动驾驶的测试或示范应用主体。公路管理机构和养护主体目前也在研究实施电子化、智能化的养护巡查手段，这可以与自动驾驶测试或示范应用相结合，通过合作协议等方式，依托自动驾驶的测试活动，或者其他车辆使用的技术，实现对所行驶公路的有效巡查，降低养护巡查成本，构建各方协同巡查的机制。建议在《中华人民共和国公路法》和《公路安全保护条例》中增加鼓励性条款，推动建立合作或协同巡查机制。

5.3 《中华人民共和国道路运输条例》

《中华人民共和国道路运输条例》于 2004 年 4 月 14 日经国务院第 48 次常

务会议通过，2004 年 4 月 30 日中华人民共和国国务院令第 406 号公布。根据 2022 年 3 月 29 日《国务院关于修改部分行政法规的决定》第四次修订。本条例旨在维护道路运输市场秩序，保障道路运输安全，保护道路运输有关各方当事人的合法权益，促进道路运输业的健康发展。从事道路运输经营以及道路运输相关业务的，应当遵守本条例。其中，道路运输经营包括道路旅客运输经营（以下简称客运经营）和道路货物运输经营（以下简称货运经营）；道路运输相关业务包括站（场）经营、机动车维修经营、机动车驾驶员培训。

1）客运经营

> 第八条　申请从事客运经营的，应当具备下列条件：
> （一）有与其经营业务相适应并经检测合格的车辆；
> （二）有符合本条例第九条规定条件的驾驶人员；
> （三）有健全的安全生产管理制度。
> 申请从事班线客运经营的，还应当有明确的线路和站点方案。
> 第九条　从事客运经营的驾驶人员，应当符合下列条件：
> （一）取得相应的机动车驾驶证；
> （二）年龄不超过 60 周岁；
> （三）3 年内无重大以上交通责任事故记录；
> （四）经设区的市级道路运输管理机构对有关客运法律法规、机动车维修和旅客急救基本知识考试合格。

在客运经营方面，条例从申请条件和从业人员条件等方面作出了明确规定。其中，在申请条件方面，主要涉及符合相关检测标准的合格车辆、符合相关规定的驾驶员、健全的安全生产管理制度。受自动驾驶技术影响，在自动驾驶场景下符合安全要求的合格车辆标准尚未制定，适应安全生产的管理制度也无从谈起。

此外，在从业人员条件方面，条例明确了机动车驾驶证、从业年龄、安全技能具备等方面的要求。同样，在自动驾驶环境下这些要求细则将较大可能发生变化。因此，建议在自动驾驶商业运营后期，制定符合客运经营从业要求的车辆检测标准、安全生产管理制度。与此同时，在自动驾驶商业运营后期，建议对条例中关于客运经营从业人员条件部分进行相应修订。

2）货运经营

> 第二十一条　申请从事货运经营的，应当具备下列条件：
>
> （一）有与其经营业务相适应并经检测合格的车辆；
>
> （二）有符合本条例第二十二条规定条件的驾驶人员；
>
> （三）有健全的安全生产管理制度。
>
> 第二十二条　从事货运经营的驾驶人员，应当符合下列条件：
>
> （一）取得相应的机动车驾驶证；
>
> （二）年龄不超过60周岁；
>
> （三）经设区的市级道路运输管理机构对有关货运法律法规、机动车维修和货物装载保管基本知识考试合格（使用总质量4500kg及以下普通货运车辆的驾驶人员除外）。
>
> 第二十三条　申请从事危险货物运输经营的，还应当具备下列条件：
>
> （一）有5辆以上经检测合格的危险货物运输专用车辆、设备；
>
> （二）有经所在地设区的市级人民政府交通主管部门考试合格，取得上岗资格证的驾驶人员、装卸管理人员、押运人员；
>
> （三）危险货物运输专用车辆配有必要的通讯工具；
>
> （四）有健全的安全生产管理制度。

在货运经营方面，条例同样从申请条件和从业人员条件等方面作出了明确规定。其中，在申请条件方面，主要涉及符合相关检测标准的合格车辆、符合相关规定的驾驶人员、健全的安全生产管理制度以及需配备的专业从业人员。受自动驾驶技术影响，在自动驾驶场景下符合安全要求的合格车辆标准尚未制定，适应安全生产的管理制度也无从谈起。此外，在从业人员条件方面，条例明确了机动车驾驶证、从业年龄、安全技能具备等方面的要求。同样，在自动驾驶环境下这些要求细则将较大可能发生变化。因此，建议在自动驾驶商业运营后期，制定符合货运经营从业要求的车辆检测标准、安全生产管理制度。与此同时，在自动驾驶商业运营后期，建议对条例中关于货运经营从业人员条件、配备专业从业人员要求等部分进行相应修订。

3）客运经营和货运经营的共同规定

> 第二十八条　客运经营者、货运经营者应当加强对从业人员的安全教育、职业道德教育，确保道路运输安全。道路运输从业人员应当遵守道路运输操作规程，不得违章作业。驾驶员连续驾驶时间不得超过4个小时。
>
> 第二十九条　生产（改装）客运车辆、货运车辆的企业应当按照国家规定标定车辆的核定人数或者载重量，严禁多标或者少标车辆的核定人数或者载重量。客运经营者、货运经营者应当使用符合国家规定标准的车辆从事道路运输经营。

在客运、货运经营方面，条例在从业人员、从业车辆方面作出了共同规定。其中，在从业人员要求方面，均要求驾驶员连续驾驶时间不得超过4h。随着自动驾驶技术的进步，自动驾驶技术的辅助驾驶功能可以在保证安全驾驶的前提下帮助驾驶员延长连续驾驶时间。在从业车辆要求方面，条例明确客运经营者、货运经营者应当使用"符合国家规定标准"的车辆从事道路运输经营。在自动驾驶环境下，符合客运、货运行业经营的车辆标准尚未制定。因此，在自动驾驶商业运营后期，建议制定关于客运、货运车辆要求的国家标准，并修订条例中关于连续驾驶时间的条款。

4）道路运输站（场）经营

> 第三十六条　申请从事道路运输站（场）经营的，应当具备下列条件：
> （一）有经验收合格的运输站（场）；
> （二）有相应的专业人员和管理人员；
> （三）有相应的设备、设施；
> （四）有健全的业务操作规程和安全管理制度。
> 第四十二条　道路货物运输站（场）经营者应当按照国务院交通主管部门规定的业务操作规程装卸、储存、保管货物。

在道路运输站（场）经营方面，条例从申请从业条件方面进行了规定。其中，条例要求从业方具有健全的业务操作规程和安全管理制度，并应按照国务院交通主管部门规定的业务操作规程装卸、储存、保管货物。因此，随着自动驾驶技术逐渐在道路运输站（场）经营方面深耕，建议在自动驾驶商业运营后期，制定道路运输站（场）经营业务操作规程，建立安全管理制度。

5）机动车维修经营

> 第三十七条　从事机动车维修经营的，应当具备下列条件：

> （一）有相应的机动车维修场地；
>
> （二）有必要的设备、设施和技术人员；
>
> （三）有健全的机动车维修管理制度；
>
> （四）有必要的环境保护措施。
>
> 国务院交通主管部门根据前款规定的条件，制定机动车维修经营业务标准。
>
> **第四十三条** 机动车维修经营者应当按照国家有关技术规范对机动车进行维修，保证维修质量，不得使用假冒伪劣配件维修机动车。机动车维修经营者应当公布机动车维修工时定额和收费标准，合理收取费用，维修服务完成后应当提供维修费用明细单。
>
> **第四十四条** 机动车维修经营者对机动车进行二级维护、总成修理或者整车修理的，应当进行维修质量检验。检验合格的，维修质量检验人员应当签发机动车维修合格证。机动车维修实行质量保证期制度。质量保证期内因维修质量原因造成机动车无法正常使用的，机动车维修经营者应当无偿返修。机动车维修质量保证期制度的具体办法，由国务院交通主管部门制定。

在机动车维修经营方面，条例从申请从业条件方面进行了规定。其中，条例要求从业方具有健全的机动车维修管理制度，并按照国家有关技术规范对机动车进行维修。此外，国务院交通主管部门需制定机动车维修经营业务标准以及机动车维修质量保证期制度的具体办法。因此，为了保证自动驾驶商业运营的安全稳定，在自动驾驶商业运营中期，建议建立自动驾驶机动车维修管理制度以及维修质量保证期制度，并制定自动驾驶机动车维修技术规范、维修经营业务标准。

6）机动车驾驶员培训

> **第三十八条** 申请从事机动车驾驶员培训的，应当具备下列条件：
> （一）取得企业法人资格；
> （二）有健全的培训机构和管理制度；
> （三）有与培训业务相适应的教学人员、管理人员；
> （四）有必要的教学车辆和其他教学设施、设备、场地。
>
> **第四十六条** 机动车驾驶员培训机构应当按照国务院交通主管部门规定的教学大纲进行培训，确保培训质量。培训结业的，应当向参加培训的人员颁发培训结业证书。

在机动车驾驶员培训方面，条例从申请从业条件和培训内容等方面进行了规定。受自动驾驶技术的影响，在自动驾驶环境下机动车驾驶员需培训的内容将发生大幅度改变。此外，在未来将长期存在的人工驾驶车辆、自动驾驶车辆大量混行的阶段中，驾驶员需培训的内容也将发生大幅度变化，如应如何并行、超车、避让自动驾驶车辆等问题。因此，在自动驾驶商业运营中期，随着自动驾驶技术的逐渐成熟，建议适时调整《机动车驾驶培训教学与大纲》。

> **修订完善建议**
>
> （1）明确试运营阶段性质和管理要求。由于部分地方的测试规范已经建议将具有营利性质的试运营阶段纳入其中，同时实践中也存在自动驾驶研发主体，与现有网络预约出租汽车经营者合作开展自动驾驶运输经营。建议在《中华人民共和国道路运输条例》修订中明确自动驾驶

的试运营阶段属于道路运输经营活动，需要取得相应许可资质，同时遵守在运输经营管理、运输安全保障和运输服务质量方面相关规章的要求。

（2）原则性突破运营车辆的限制要求。可以考虑允许地方在与交通运输部充分沟通的前提下，对于特定应用场景、特定测试区域下的自动驾驶车辆，通过地方立法方式明确可以突破现有法规规章对运营车辆技术和类型等级的限制性要求。在保证操控能力和运输服务质量的情况下，检验自动驾驶运输经营中可能存在的问题，及时发现风险，为后续自动驾驶运输经营监管制度的建立奠定基础。

5.4 《中华人民共和国道路交通安全法》

《中华人民共和国道路交通安全法》于2003年10月28日首次通过，后根据2021年4月29日第十三届全国人民代表大会常务委员会第二十八次会议通过的关于修改〈中华人民共和国道路交通安全法〉的决定》第三次修正。《中华人民共和国道路交通安全法》内容包括机动车、驾驶人、道路通行条件、道路通行规则等。

1）机动车

（1）机动车登记。

第八条 国家对机动车实行登记制度。机动车经公安机关交通管理部门登记后，方可上道路行驶。尚未登记的机动车，需要临时上道路行驶的，应当取得临时通行牌证。

> **第九条** 申请机动车登记，应当提交以下证明、凭证：
>
> （一）机动车所有人的身份证明；
>
> （二）机动车来历证明；
>
> （三）机动车整车出厂合格证明或者进口机动车进口凭证；
>
> （四）车辆购置税的完税证明或者免税凭证；
>
> （五）法律、行政法规规定应当在机动车登记时提交的其他证明、凭证。

在自动驾驶车辆提供运输服务的场景下，自动驾驶车辆"机动车所有人"的内涵定义尚未明晰，自动驾驶技术的"机动车整车出厂合格证明"标准和审核机制尚未明确。此外，自动驾驶车辆较难以满足"车辆购置税完税证明"的要求。因此，在自动驾驶开放道路测试阶段，建议对现行的《机动车运行安全技术条件》（GB 7258）作出相应修订，修改机动车整车出厂合格证明标准；在自动驾驶商业运营中期，面对日益增多的自动驾驶车辆整车制造需求，或可对自动驾驶车辆另行制定新的技术标准，建立自动驾驶机动车整车出厂合格审核机制，并修改现行车辆购置税办理办法。

（2）机动车保险。

> **第十七条** 国家实行机动车第三者责任强制保险制度，设立道路交通事故社会救助基金。

目前适用于自动驾驶车辆的机动车第三者责任强制保险制度尚未建立。因此，在自动驾驶开放式道路测试阶段，建议修订现行机动车第三者责任强制保险制度，保证开放测试阶段自动驾驶车辆以及其他人工驾驶车辆的通行安全。此外，随着自动驾驶车辆的大规模上路通行,建议在自动驾驶商业运营中期,适时设立配套于自动驾驶车辆的机动车第三者责任强制保险机制。

(3)安全技术检验。

> 第十三条 对登记后上道路行驶的机动车,应当依照法律、行政法规的规定,根据车辆用途、载客载货数量、使用年限等不同情况,定期进行安全技术检验。对提供机动车行驶证和机动车第三者责任强制保险单的,机动车安全技术检验机构应当予以检验,任何单位不得附加其他条件。对符合机动车国家安全技术标准的,公安机关交通管理部门应当发给检验合格标志。

目前尚没有配套的对自动驾驶车辆验证合格的安全技术标准。因此,在自动驾驶开放式道路测试阶段,建议修订现行国家安全技术标准,以使上路测试车辆满足国家安全技术检验。此外,在自动驾驶商业运营中期,面对大量上路行驶车辆,建议制定针对自动驾驶车辆的国家安全技术标准,以确保道路通行安全。

2)驾驶人
(1)机动车驾驶证。

> 第十九条 驾驶机动车,应当依法取得机动车驾驶证。申请机动车驾驶证,应当符合交通管理部门发给相应类别的机动车驾驶证;经考试合格后,由公安机关交通管理部门发给相应类别的机动车驾驶证。驾驶人应当按照驾驶证载明的准驾车型驾驶机动车;驾驶机动车时,应当随身携带机动车驾驶证。

目前机动车驾驶证的表述主要建立在人类取得机动车驾驶证的前提条件下。为了适应自动驾驶，建议在自动驾驶商业运营初期，适时修改机动车驾驶证考试内容和条件的规章，并将"驾驶"的含义已由传统的人类驾驶扩展为系统操控。

（2）机动车驾驶培训。

> **第二十条** 机动车的驾驶培训实行社会化，由交通主管部门对驾驶培训学校、驾驶培训班实行资格管理。驾驶培训学校、驾驶培训班应当严格按照国家有关规定，对学员进行道路交通安全法律、法规、驾驶技能的培训，确保培训质量。

目前机动车驾驶培训的表述主要建立在由人类对机动车进行完全操控的前提条件下。为了适应自动驾驶，建议在自动驾驶商业运营初期，根据自动驾驶的分级定义适当调整适用于不同自动驾驶车辆等级特征的培训内容。

（3）机动车安全检查。

> **第二十一条** 驾驶人驾驶机动车上道路行驶前，应当对机动车的安全技术性能进行认真检查；不得驾驶安全设施不全或者机件不符合技术标准等具有安全隐患的机动车。

按照《中华人民共和国道路交通安全法》，机动车安全技术性能检查的责任主体为机动车驾驶人。在自动驾驶车辆提供运输服务的场景下，安全技术性能检查的责任主体是否应该判定给乘坐人一方仍有待商榷。此外，机动车的安全技术性能不止局限于车辆的硬件设施，通信系统、操控系统等方面同样存在可能的安全隐患。因此，在自动驾驶商业运营中期，建议完善机动车安全检查的责任主体方，并对安全技术检查的内容进行调整完善。

3）道路通行条件

（1）道路交通信号。

> 第二十五条 全国实行统一的道路交通信号。交通信号包括交通信号灯、交通标志、交通标线和交通警察的指挥。交通信号灯、交通标志、交通标线的设置应当符合道路交通安全、畅通的要求和国家标准，并保持清晰、醒目、准确、完好。根据通行需要，应当及时增设、调换、更新道路交通信号。增设、调换、更新限制性的道路交通信号，应当提前向社会公告，广泛进行宣传。

随着我国自动驾驶发展中"车路协同"路线的逐渐明晰，道路与车辆间将信息交互更加重要，信息传递更加频繁、互通内容更加多样。这部分法律法规内容取决于车路协同技术发展到一定成熟阶段，先通过技术标准的方式确立，再适时调整法规内容。因此，在自动驾驶商业运营中期，建议适时修改相关道路交通信号设计标准。

（2）硬件设施的规划、设计、建设。

> 第二十九条 道路、停车场和道路配套设施的规划、设计、建设，应当符合道路交通安全、畅通的要求，并根据交通需求及时调整。

随着我国自动驾驶发展中"车路协同"路线的逐渐明晰，适用于"车路协同"的道路、停车场、道路配套设施等硬件基础设施将更加智能互联。这部分法律法规内容取决于车路协同技术发展到一定成熟阶段，先通过技术标准的方式确立，再适时调整法规内容。因此，在自动驾驶商业运营中期，建议适时修改相关道路硬件设施的规划建设设计标准。

4）道路通行规则

> 第三十六条　根据道路条件和通行需要，道路划分为机动车道、非机动车道和人行道的，机动车、非机动车、行人实行分道通行。没有划分机动车道、非机动车道和人行道的，机动车在道路中间通行，非机动车和行人在道路两侧通行。
>
> 第三十七条　道路划设专用车道的，在专用车道内，只准许规定的车辆通行，其他车辆不得进入专用车道内行驶。
>
> 第六十七条　行人、非机动车、拖拉机、轮式专用机械车、铰接式客车、全挂拖斗车以及其他设计最高时速低于70km的机动车，不得进入高速公路。高速公路限速标志标明的最高时速不得超过120km。

《中华人民共和国道路交通安全法》的"道路通行规则"章节集中规定了道路通行规则。自动驾驶的通行规则将与人类驾驶有本质区别，自动驾驶车辆与传统车辆混行发展阶段，需要两种通行规则的融合，需要更多通过测试试点的方式逐步建立，磨合运行逐渐成熟后，再适时修改相关条文。第三十七条中"专用车道"是否可以涵盖近期智慧高速公路试点中逐渐涌现的自动驾驶专用道，仍有待探讨。此外，针对高速公路最低时速70km的要求，建议在自动驾驶专用道等行驶场景下根据自动驾驶技术条件进行相应修改。因此，在自动驾驶商业运营初期，建议逐步根据试点推行情况修订《中华人民共和国道路交通安全法》中道路通行规则相关条款。

> **修订完善建议**
>
> 提高测试管理规范的法律位阶。

目前，无论是中央层面的测试示范应用管理规范，还是地方层面的实施细则，实际上都对《中华人民共和国道路交通安全法》及其实施条例的适用范围进行了扩大解释，将其适用于不完全以驾驶人主导的驾驶行为。从法律位阶效力的角度看，这种以规范性文件方式所作出的扩大解释，有违立法原则。因此，需要考虑提高管理规范的法律位阶，为其突破《中华人民共和国道路交通安全法》及其实施条例的适用限制提供合法性依据。

从总体上看，可以通过以下几种途径提高法律位阶：第一是通过直接修订《中华人民共和国道路交通安全法》，增加有关测试和示范应用管理规范的相关内容；第二是由《中华人民共和国道路交通安全法》修订作出法律授权，在《中华人民共和国道路交通安全法实施条例》中增加管理规范内容，或者直接制定针对自动驾驶管理规范的行政法规；第三是地方层面可以参照《深圳经济特区智能网联汽车管理条例》，行使经济特区立法权或者其他地方立法权，制定地方性法规，但不同于经济特区，地方性法规对《中华人民共和国道路交通安全法》的突破，仍须全国人民代表大会常务委员会先作出特别适用的授权。

5.5 《中华人民共和国道路交通安全法实施条例》

《中华人民共和国道路交通安全法实施条例》于 2004 年 4 月 28 日国务院第 49 次常务会议通过，自 2004 年 5 月 1 日起施行，根据 2017 年 10 月 7 日《国务院关于修改部分行政法规的决定》修订。本条例根据《中华人民共和国道路交通安全法》的规定进行制定。中华人民共和国境内的车辆驾驶人、行人、乘车人以及与道路交通活动有关的单位和个人均应当遵守。

1）机动车驾驶人

> **第十九条** 符合国务院公安部门规定的驾驶许可条件的人，可以向公安机关交通管理部门申请机动车驾驶证。
>
> **第二十条** 学习机动车驾驶，应当先学习道路交通安全法律、法规和相关知识，考试合格后，再学习机动车驾驶技能。
>
> 在道路上学习驾驶，应当按照公安机关交通管理部门指定的路线、时间进行。在道路上学习机动车驾驶技能应当使用教练车，在教练员随车指导下进行，与教学无关的人员不得乘坐教练车。学员在学习驾驶中有道路交通安全违法行为或者造成交通事故的，由教练员承担责任。
>
> **第二十一条** 公安机关交通管理部门应当对申请机动车驾驶证的人进行考试，对考试合格的，在5日内核发机动车驾驶证；对考试不合格的，书面说明理由。
>
> **第二十二条** 机动车驾驶证的有效期为6年，本条例另有规定的除外。机动车驾驶人初次申领机动车驾驶证后的12个月为实习期。在实习期内驾驶机动车的，应当在车身后部粘贴或者悬挂统一式样的实习标志。
>
> **第二十三条** 公安机关交通管理部门对机动车驾驶人的道路交通安全违法行为除给予行政处罚外，实行道路交通安全违法行为累积记分（以下简称记分）制度，记分周期为12个月。对在一个记分周期内记分达到12分的，由公安机关交通管理部门扣留其机动车驾驶证，该机动车驾驶人应当按照规定参加道路交通安全法律、法规的学习并接受考试。

考试合格的，记分予以清除，发还机动车驾驶证；考试不合格的，继续参加学习和考试。应当给予记分的道路交通安全违法行为及其分值，由国务院公安部门根据道路交通安全违法行为的危害程度规定。

第二十四条　机动车驾驶人在一个记分周期内记分未达到12分，所处罚款已经缴纳的，记分予以清除；记分虽未达到12分，但尚有罚款未缴纳的，记分转入下一记分周期。机动车驾驶人在一个记分周期内记分2次以上达到12分的，除按照第二十三条的规定扣留机动车驾驶证、参加学习、接受考试外，还应当接受驾驶技能考试。考试合格的，记分予以清除，发还机动车驾驶证；考试不合格的，继续参加学习和考试。接受驾驶技能考试的，按照本人机动车驾驶证载明的最高准驾车型考试。

第二十五条　机动车驾驶人记分达到12分，拒不参加公安机关交通管理部门通知的学习，也不接受考试的，由公安机关交通管理部门公告其机动车驾驶证停止使用。

现行《中华人民共和国道路交通安全法实施条例》对驾驶的主体主要界定为机动车驾驶人。在此基础上，制定了以驾驶人为主体进行驾驶资格申请、驾驶技能学习、驾驶证考试的实施条例。与此同时，为了帮助驾驶人适应道路驾驶环境，在上路初期设置了实习驾驶阶段。最后，针对驾驶过程中可能出现的违法行为，本条例以驾驶人为责任主体制定了详细的处罚方法。在自动驾驶商业运营阶段，机动车驾驶人在驾驶行为的主体地位将发生变化，驾驶资格申请、驾驶技能学习、驾驶资格考试、驾驶实习过渡、驾驶违法处罚等方面都需重新设计。因此，在自动驾驶商业运营初期阶段，随着自动驾驶技术的不断变化，此类条例内容需逐渐进行相应修订，或针对自动驾驶制定新增行政条例。

2）机动车道路通行

> **第四十四条** 在道路同方向划有2条以上机动车道的，左侧为快速车道，右侧为慢速车道。在快速车道行驶的机动车应当按照快速车道规定的速度行驶，未达到快速车道规定的行驶速度的，应当在慢速车道行驶。摩托车应当在最右侧车道行驶。有交通标志标明行驶速度的，按照标明的行驶速度行驶。慢速车道内的机动车超越前车时，可以借用快速车道行驶。在道路同方向划有2条以上机动车道的，变更车道的机动车不得影响相关车道内行驶的机动车的正常行驶。
>
> **第四十五条** 机动车在道路上行驶不得超过限速标志、标线标明的速度。在没有限速标志、标线的道路上，机动车不得超过下列最高行驶速度：
>
> （一）没有道路中心线的道路，城市道路为30km/h，公路为40km/h；
>
> （二）同方向只有1条机动车道的道路，城市道路为50km/h，公路为70km/h。
>
> **第四十七条** 机动车超车时，应当提前开启左转向灯、变换使用远、近光灯或者鸣喇叭。在没有道路中心线或者同方向只有1条机动车道的道路上，前车遇后车发出超车信号时，在条件许可的情况下，应当降低速度、靠右让路。后车应当在确认有充足的安全距离后，从前车的左侧超越，在与被超车辆拉开必要的安全距离后，开启右转向灯，驶回原车道。
>
> **第六十二条** 驾驶机动车不得有下列行为：
>
> （一）在车门、车厢没有关好时行车；
>
> （二）在机动车驾驶室的前后窗范围内悬挂、放置妨碍驾驶人视线

的物品；

（三）拨打接听手持电话、观看电视等妨碍安全驾驶的行为；

（四）下陡坡时熄火或者空挡滑行；

（五）向道路上抛撒物品；

（六）驾驶摩托车手离车把或者在车把上悬挂物品；

（七）连续驾驶机动车超过 4h 未停车休息或者停车休息时间少于 20min；

（八）在禁止鸣喇叭的区域或者路段鸣喇叭。

在机动车道路通行方面，本条例从道路通行区域、通行速度、通行避让行为、通行禁止角度进行了详细规定。其中，道路通行区域方面，本条例规定了机动车在快速车道、慢速车道的通行规则。而在自动驾驶技术的实现初期，自动驾驶专用道将是自动驾驶技术未来 5 年在机动车道上最大概率可能选择的模式。在道路通行速度方面，本条例规定了机动车在机动车上的行驶速度。随着自动驾驶技术的发展和落地，出于安全等因素考虑，自动驾驶车辆所采用的行驶速度可能会与规定中的速度有所差别。在道路通行避让行为方面，本条例明确了机动车之间的避让规则。随着不同技术等级自动驾驶车辆的出现，面对不同自动等级的自动驾驶车辆和人工驾驶车辆的大量混行情况，自动驾驶车辆和人工驾驶车辆之间的避让规则将成为无法避免并且亟待解决的问题。此外，在道路通行禁止行为方面，条例基于驾驶主体是自然人的前提，明确禁止了"拨打接听手持电话、观看电视等妨碍安全驾驶"以及"连续驾驶机动车超过 4h 未停车休息或者停车休息时间少于 20min"的行为。然而随着自动驾驶技术的出现，驾驶人再也不用全程操控车辆，上述禁止行为在驾驶过程中的危险性质将得以大幅降低。因此，在自动驾驶商业运营初期，建议针对上述条款适时进行相应的修改；而在自动驾驶商业运

· 119

营中期，可适当制定针对自动驾驶车辆的道路交通安全条例。

3）高速公路通行

> 第七十八条　高速公路应当标明车道的行驶速度，最高车速不得超120km/h，最低车速不得低于60km/h。
>
> 在高速公路上行驶的小型载客汽车最高车速不得超过120km/h，其他机动车不得超过100km/h，摩托车不得超过80km/h。
>
> 同方向有2条车道的，左侧车道的最低车速为100km/h；同方向有3条以上车道的，最左侧车道的最低车速为110km/h，中间车道的最低车速为90km/h。道路限速标志标明的车速与上述车道行驶车速的规定不一致的，按照道路限速标志标明的车速行驶。
>
> 第七十九条　机动车从匝道驶入高速公路，应当开启左转向灯，在不妨碍已在高速公路内的机动车正常行驶的情况下驶入车道。
>
> 机动车驶离高速公路时，应当开启右转向灯，驶入减速车道，降低车速后驶离。
>
> 第八十条　机动车在高速公路上行驶，车速超过100km/h时，应当与同车道前车保持100m以上的距离，车速低于100km/h时，与同车道前车距离可以适当缩短，但最小距离不得少于50m。
>
> 第八十一条　机动车在高速公路上行驶，遇有雾、雨、雪、沙尘、冰雹等低能见度气象条件时，应当遵守下列规定：
>
> （一）能见度小于200m时，开启雾灯、近光灯、示廓灯和前后位灯，车速不得超过60km/h，与同车道前车保持100m以上的距离；
>
> （二）能见度小于100m时，开启雾灯、近光灯、示廓灯、前后位

灯和危险报警闪光灯，车速不得超过 40km/h，与同车道前车保持 50m 以上的距离；

（三）能见度小于 50m 时，开启雾灯、近光灯、示廓灯、前后位灯和危险报警闪光灯，车速不得超过 20km/h，并从最近的出口尽快驶离高速公路。

遇有前款规定情形时，高速公路管理部门应当通过显示屏等方式发布速度限制、保持车距等提示信息。

第八十二条 机动车在高速公路上行驶，不得有下列行为：

（一）倒车、逆行、穿越中央分隔带掉头或者在车道内停车；

（二）在匝道、加速车道或者减速车道上超车；

（三）骑、轧车行道分界线或者在路肩上行驶；

（四）非紧急情况时在应急车道行驶或者停车；

（五）试车或者学习驾驶机动车。

在高速公路道路通行方面，本条例从高速公路通行速度、汇入驶出避让行为、前后跟驰行为、恶劣天气通行以及禁止行为等方面进行了详细的规定。其中，高速公路通行速度方面，按照现有机动车的安全性能进行了规定。随着自动驾驶技术的逐渐发展，为了适应自动驾驶车辆的安全性能，将需进行更加细致的规定。在汇入及驶出等避让行为方面，不同自动等级的车辆混行以及自动驾驶专用道、常规道路的交织需要加以详细考虑。在前后跟驰行为方面，现有的安全跟驰距离建立在驾驶人反应的前提下。随着自动驾驶技术的进步，车辆可以自动辅助驾驶人进行安全制动，在此基础上车辆之间的安全跟驰距离有望进一步缩短。同样，在恶劣天气情况下，一方面恶劣天气对自动驾驶行为安全性的影响相较人工驾驶车辆将有所降低；另一方面，自动驾驶车辆在恶劣天气情况下的安全跟驰距离相较于人工驾驶车辆也将有所缩短。值得注意的是，在高速公路通行禁止行为方面，本条例明确指出"禁止试车或者学习驾驶机动车"。针对"试车"的内涵如何界定，是否同样适用于自动驾驶的试车阶段，仍有待商讨。因此，在自动驾驶开放道路测试阶段，需对现有条例的高速公路通行禁止行为规则部分进行修订；在自动驾驶商业运营初期，需在高速公路的道路通行速度规则、汇入及驶出避让规则、道路跟驰规则以及恶劣天气通行规则方面进行修订；在自动驾驶商业运营中期，可针对自动驾驶车辆制定新的道路安全条例。

4）交通事故处理

> 第九十一条　公安机关交通管理部门应当根据交通事故当事人的行为对发生交通事故所起的作用以及过错的严重程度，确定当事人的责任。

本条例规定，公安机关交通管理部门应当根据交通事故当事人的行为确定当事人的责任。随着自动驾驶技术的应用，交通事故的主体不再仅限于驾驶人的操控因素，将拓展至自动驾驶算法、检测设备感知、信息传输等因素，事故的责任判断将受到挑战。因此，在自动驾驶商业运营初期，亟须对条例中的交通事故处理部分进行修订。

> **修订完善建议**
>
> 考虑技术与通行规则间关系。
> 从现有技术方案和管理规范看，目前主要还是通过技术手段适应通行规则，这其中首先要考虑对于规则的变通适用问题。当自动驾驶车辆

在特定情形下，发现只有违反通行规则，才能最大程度保障乘客、货物以及通行第三人的安全时，应当允许其暂时性地违反简单且必要的规则。软件或者算法设计人员在设计自动驾驶系统时也需考量这方面因素。

此外，随着自动驾驶测试和示范应用范围的不断扩大、技术成熟度的不断提高，立法者也需要考虑调整《中华人民共和国道路交通安全法》的车辆、驾驶人管理和通行规则，从而更好地适应技术的发展和未来道路通行的实际需要。从立法宗旨和意图上，将《中华人民共和国道路交通安全法》由以驾驶人为核心的通行管理规则，调整为以驾驶人和自动驾驶系统共同作为调整对象的道路交通通行管理规则。

5.6 《中华人民共和国收费公路管理条例》

《中华人民共和国收费公路管理条例》根据 2004 年 9 月 13 日国务院令第 417 号公布，旨在加强对收费公路的管理，规范公路收费行为，维护收费公路的经营管理者和使用者的合法权益，促进公路事业的发展。

1）收费公路技术等级和规模

> 第十八条　建设收费公路，应当符合下列技术等级和规模：
>
> （一）高速公路连续里程 30km 以上。但是，城市市区至本地机场的高速公路除外。
>
> （二）一级公路连续里程 50km 以上。

> （三）二车道的独立桥梁、隧道，长度 800m 以上；四车道的独立桥梁、隧道，长度 500m 以上。

受资金等因素的影响，国内现有自动驾驶示范道路（如延崇高速公路试验段）的建设规模一般为 10km 以内，以演示模拟自动驾驶技术的运行过程。因此，在自动驾驶技术的商业运营阶段前期，一方面自动驾驶道路长度较短，另一方面，为了鼓励自动驾驶的推广发展，建议暂时实行免费政策；而在自动驾驶技术的商业运营阶段中期，可适时制定自动驾驶道路的收费标准，并调整自动驾驶、人工驾驶混行道路的收费标准。

2）联网收费

> 第十三条 高速公路以及其他封闭式的收费公路，应当实行计算机联网收费，减少收费站点，提高通行效率。联网收费的具体办法由国务院交通主管部门会同国务院有关部门制定。

路网互联是自动驾驶发展的基础，联网收费是未来自动驾驶公路的收费趋势。随着自动驾驶公路的建设推进，在自动驾驶技术的商业运营阶段后期，可适时制定或调整自动驾驶道路的联网收费办法。

3）收费标准

> 第十五条 车辆通行费的收费标准，应当依照价格法律、行政法规的规定进行听证，并按照下列程序审查批准：
> （一）政府还贷公路的收费标准，由省、自治区、直辖市人民政府

交通主管部门会同同级价格主管部门、财政部门审核后，报本级人民政府审查批准。

（二）经营性公路的收费标准，由省、自治区、直辖市人民政府交通主管部门会同同级价格主管部门审核后，报本级人民政府审查批准。

第十六条 车辆通行费的收费标准，应当根据公路的技术等级、投资总额、当地物价指数、偿还贷款或者有偿集资款的期限和收回投资的期限以及交通量等因素计算确定。

第三十五条 收费公路经营管理者不得有下列行为：

（一）擅自提高车辆通行费收费标准；

（二）在车辆通行费收费标准之外加收或者代收任何其他费用；

（三）强行收取或者以其他不正当手段按车辆收取某一期间的车辆通行费；

（四）不开具收费票据，开具未经省、自治区、直辖市人民政府财政、税务部门统一印（监）制的收费票据或者开具已经过期失效的收费票据。

有前款所列行为之一的，通行车辆有权拒绝交纳车辆通行费。

自动驾驶高速公路受其技术等级影响，投资总额偿、还贷款或者有偿集资款的期限、收回投资的期限相对于现有高速公路建设有较大幅度的提高。因此，根据本条例要求，自动驾驶高速公路可以根据其技术等级和投资规模制定相应的通行费标准，并通过相关部门审核后予以执行。建议在自动驾驶技术的商业运营阶段中期，制定其通行费收费标准。

第6章 交通领域自动驾驶立法路径分析

6.1 立法形式对比分析

6.1.1 全国人民代表大会制定自动驾驶法

由于自动驾驶涉及不同的监管领域,除了公路使用、道路通行、运输经营外,还涉及地图测绘、通信服务、网络安全、数据安全、个人信息保护、隐私保护等诸多方面,因此,由全国人民代表大会行使中央立法权,制定统一的自动驾驶法,能够较为有效地突破不同领域法律法规的适用障碍,同时与逐一修订相关法律法规相比,在立法时间和立法成本上都具有优势。

但目前自动驾驶尚处于发展阶段,技术方案和实施路径尚未完全确定,各地方开展的测试和示范应用仍处于实施过程中,未能形成有价值的阶段性成果,因此,制定统一自动驾驶法的时机尚不成熟。从国际和地区的立法实践看,除了奥地利等少数国家制定了《自动驾驶条例》外,绝大多数国家都主要基于技术的不成熟性,未采纳统一制定自动驾驶法律法规的立法思路。

6.1.2 全国人民代表大会授权调整适用

针对《中华人民共和国道路交通安全法》等在自动驾驶测试应用中存在主要适用障碍的法律，有观点提出可以适用《中华人民共和国立法法》的"授权暂停法律适用"条款，即第 13 条规定的"全国人民代表大会及其常务委员会可以根据改革发展的需要，决定就行政管理等领域的特定事项授权在一定期限内在部分地方暂时调整或者暂时停止适用法律的部分规定"，由国务院提出试点方案并提请全国人民代表大会常务委员会授权，在试点范围和期间内暂停适用《中华人民共和国道路交通安全法》等法律中与自动驾驶技术不相适应的规定，以在特定期间的局部范围内扫清自动驾驶汽车测试与示范应用的法律障碍。

对于授权调整适用的方案，存在着局部性和暂时性的不足，若选择以试点方案方式在部分地方适用，可能会造成部分地方的交通通行规则与其他地方存在明显差异，而交通通行本身往往是需要跨区域的，局部的特殊性可能会对通行和运输安全造成潜在风险。若选择全国范围内授权暂停适用，则具有暂时性特征，并不能从根本上和长远角度解决自动驾驶的适用障碍问题，仍需要通过对《中华人民共和国道路交通安全法》等法律法规的修订，获得合法发展应用的空间。

6.1.3 修订法律法规

针对自动驾驶发展和应用中存在的法律适用性问题，及时修订相关法律法规是最为直接和有效的立法方案。国际和地区也大多采取了该方案，德国分别于 2017 年和 2021 年修订了《德国联邦道路交通法》，明确允许使用自动驾驶功能，并支持上路通行，同时合理划分了不同主体间的控制义务和监督责任；日本也于 2020 年修订了《道路交通法》，将驾驶概念扩展至涵盖自动驾驶应用。

然而现阶段修订法律法规时，仍会面临技术成熟度不足、监管风险和措施效果不明晰的问题。《智能网联汽车道路测试与示范应用管理规范（试行）》于2021年7月才刚刚发布实施，其所确立的监管手段，虽以各地实践经验为基础，但实际监管效果仍有待验证。因此，修订需调整适用的法律法规时，应当坚持"渐进式"立法思路，以增加包容适用自动驾驶应用的条款为佳，不宜大幅调整现有监管制度。

6.1.4 地方先行先试立法

鼓励和授权地方针对自动驾驶发展应用中的具体问题，进行有针对性的地方性立法，既可以有效推动地方部分区域内的自动驾驶发展，加快特定场景下的落地应用，为中央层面立法提供实践经验，又能够避免普遍适用所可能带来的较大范围风险。然而在以城市作为主要立法主体的地方立法格局中，各个地方立法虽然在主体框架、主要制度上一致性较高，但存在事故责任人认定、开放道路方式种类不一致等情形。对实践影响更为直接的是，地方立法的实施中造成了测试主体需要向每一个地方进行测试审批，且相互之间的测试纪录能否互认尚未存在兼容性问题。针对不同地区间的标准差异和兼容性问题，需要中央层面发挥协调作用，积极指导地方自动驾驶立法和实践工作。

6.1.5 小结

现阶段宜采取法律法规修订与地方先行先试立法相结合的立法形式，一方面对影响自动驾驶测试示范应用的法律法规，由中央层面进行修订，比如《中华人民共和国道路交通安全法》《中华人民共和国公路法》《中华人民共和国道路运输条例》等，为测试示范应用提供空间，同时授权地方通过行使地方立法权或者利用自贸试验区、政策先行区的政策特权，先行先试，制定本区域内的豁免政策，通过一段时间的应用实践，形成地方立法实践，再向全国推广。

6.2 立法内容对比分析

6.2.1 鼓励性原则

从平衡风险监管和科技创新的角度，技术发展的不同阶段应考虑不同侧重的立法内容。就自动驾驶产业而言，在概念设计和产品研究阶段，立法内容应侧重对新技术、新手段的提出采用鼓励性的原则，比如《中华人民共和国道路运输条例》中所提到国家积极推进大数据、信息技术、自动驾驶等技术在道路运输领域的发展和应用。然而随着自动驾驶产业的快速发展，其已朝向具体场景下的实际应用积极推进，此时鼓励性原则就难以适应发展应用要求，无法解决具体应用中实际监管问题。

6.2.2 整体性适用要求

当自动驾驶进入测试和示范应用阶段后，立法内容需有针对性地解决适用中存在的具体障碍和问题，此时存在两种立法思路：其一是针对自动驾驶提出整体性适用要求，只解决难以推广应用的实际问题，仍采用现有监管机制实施监管；其二是针对技术应用中的潜在风险，提出具体的监管制度和措施。针对自动驾驶测试和应用中的不同问题，在目前阶段需要采纳不同的立法内容，对于自动驾驶涉及的运输经营监管问题，具体实践尚未完全开展，因此，此阶段提出整体性适用要求较为合适，一方面排除适用中的法律障碍，另一方面在运输经营问题和风险更清晰表露时，再进行具体监管制度的设计。

6.2.3 具体监管制度

目前阶段下，针对自动驾驶的道路测试和示范应用已经在一定范围内开展，相应的实施效果和主要风险已经较为清晰,所以在公路使用和交通通行领域,针对适用问题,设计具体监管制度、修订相关法律法规的时机已较为成熟。公路使用领域可着重在公路范围的选定、路政许可的实施、通行费缴纳、养护职责履行、路政执法等方面增加适用于自动驾驶的监管内容。道路通行方面则应侧重将现有管理规范中的监管措施,以修订《中华人民共和国道路交通安全法》的方式提供上位法依据。

6.2.4 小结

目前自动驾驶已进入具体应用场景的测试与示范应用阶段,鼓励性原则的修订已不再适宜。对于《中华人民共和国道路运输条例》等运输经营领域的法规规章,由于适用中的问题和风险尚不十分明确,制定具体监管制度和措施的时机尚不成熟,故宜在修订中只作整体性的适用要求规定。而对于《中华人民共和国道路交通安全法》《中华人民共和国公路法》及相关法律法规及规章,由于道路测试和示范应用中的法律关系和制度制约已较为明确,可以考虑在修订中对具体监管措施和条文进行修订。

6.3 立法范围对比分析

6.3.1 道路交通领域整体性立法

第一种方案是针对自动驾驶在公路使用、道路通行和运输经营方面的适用性问题,综合现有的法律法规规定,整体性地制定针对自动驾驶测试和示范应用的法规规章。其优势是立足于方便测试和示范应用者角度进行立法,能够系统、全面和完整地解决自动驾驶道路测试和示范应用中的全部问题,避免不同法律法规在修订和适用中的相互矛盾，也更有利于综合各监管部门间的监管理念和监管手段。存在的困难是由于公路使用、道路通行和运输经营方面的监管涉及不同的法律法规及规章，制定整体性的法律法规及规章需要等相关法律法规及规章修订完成再予以突破或者授权。同时由于涉及不同的立法主体和监管部门，立法难度较大，时间也较长。

6.3.2 运输经营领域综合性立法

第二种方案是只针对自动驾驶从事道路运输经营相关活动开展立法，包括道路客运、城市公交、出租汽车服务、道路货运、无人配送等，是就综合性的道路运输经营内容，制定适用于自动驾驶的法规规章。其优势是一方面能够系统性地解决从事不同运输形态，需要取得不同经营资质的问题，便利自动驾驶运营者考虑综合运输服务方式的测试和应用；另一方面也能够有效应对自动驾驶所带来的商业模式新探索，可能影响原有运输业态区分，从而造成适用困难的问题。其不足是由于不同运输经营业态的法律性质和监管方式存在差异，也较为复杂，难以简单统一，客运领域更多涉及公共运输服务，货运领域主要是商业运输服务，班线客运和巡游出租汽车是有数量管控的特别许可，城市公交签订特许经营协议，包车客运、网络预约出租汽车和道路货运是普通许可。同时，目前不同的运输领域尚未完成统一立法。

6.3.3 针对具体应用分场景立法

第三种方案是对自动驾驶不同的应用场景，根据技术的成熟程度和实践中的具体测试、示范应用情况，开展有针对性的法规规章修订工作。其优势是能够针对具体应用场景下的实际适用问题，更有利于推动自动驾驶针对特定场景的进一步推广应用。同时，由于只涉及相关法规规章，立法成本和立法时间上也更有优势。

其不足是从事不同领域运输经营的自动驾驶运营者，需要分别等待立法工作完成，同时可能需要分别取得经营资质，不利于综合运输服务的推动。

6.3.4 小结

考虑目前不同应用场景的测试与示范应用程度尚存在差异，同时通过自动驾驶提供综合运输服务或者智能交通系统，尚处在概念设计和产品研发初期，针对不同的自动驾驶应用场景开展分场景立法较为适宜。目前，自动驾驶出租汽车和无人配送领域进度相对较快，可以优先考虑这两个应用场景下的法规规章修订。

第 7 章 交通领域自动驾驶立法的政策建议

7.1 对立法路径的总体建议

7.1.1 坚持开放包容、循序渐进的立法原则

一是对现有法律法规适用于自动驾驶持开放态度。目前，除无人配送车和部分无人测试外，大部分的自动驾驶测试和示范应用，仍须保留驾驶人，现行《中华人民共和国公路法》《中华人民共和国道路交通安全法》《中华人民共和国道路运输条例》及相关法规规章依然具有适用空间，在目前商业性探索的初期阶段，应当开放性地允许自动驾驶适用现有法律法规。

二是坚持立法过程中的专家参与和合作立法。由于自动驾驶本身的技术性特征，以及保持立法中技术中立性的要求，应当坚持合作立法的基本理念，在立法过程中，积极组织引导行业专家和技术优势企业，广泛地参与立法工作，以确保自动驾驶立法有针对性，同时还具有一定的可操作性。

三是结合不同场景的技术成熟程度渐进推进立法。考虑到交通运输领域所存在的固有风险，在目前自动驾驶风险尚未完全被认知和有效应对的情况下，应对

更加审慎地推进自动驾驶在相关立法工作、充分保障测试、示范应用和运营中的公民人身和财产安全。

7.1.2 确定中央和地方立法结合的立法形式

一是积极推动中央层面法律法规的修订。针对《中华人民共和国道路交通安全法》《中华人民共和国公路法》在自动驾驶应用场景下的适用性问题，应当积极组织研究，修订具体监管措施，对于《中华人民共和国道路运输条例》等运输经营领域法规规章，可以考虑提出整体性的适用要求。

二是积极指导地方先行先试法规的制定。就交通运输领域具体监管范围，应当积极与地方立法机关开展合作，参与指导地方先行先试法规规章的制定工作，同时充分掌握地方性法规规章实施中取得的效果和存在的问题，为中央层面立法做好准备。

7.1.3 选择单点突破、由点及面的立法路径

一是现阶段应选择分场景的立法路径。基于现阶段不同应用场景在测试和示范应用中的成熟度仍存在差异，立法中应选择分场景立法的路径，选择测试和示范应用较为充分的运输领域，针对其中的具体风险和问题，设计监管制度。

二是注重不同场景立法中的一致性和衔接性。不同应用场景虽分属于道路运输不同领域，但仍具有相似性。在分场景立法中，应当充分考虑和尊重不同领域的相似性，同时考虑到未来自动驾驶在综合运输服务模式中的应用，立法应当保证监管制度的协调一致，并且能够有效衔接。

三是可以考虑针对特定运营主体制定规则。由于特定应用场景的商业模式探索仍处于初期，尚未形成成熟的、完整的、可竞争的市场环境，应当考虑为"先行者"制定有针对性的监管要求，立法中可以由主管部门与具体运营者合作，共

同制定既符合企业合规需要，又能满足行业监管要求的监管政策。

7.1.4　强调立法中的部际协调和公众参与

一是注重立法中的部际政策协同。由于自动驾驶涉及交通运输、工信、市场监管、公安等多部门职权范围，各部门也分别在积极探索制定针对自动驾驶测试与示范应用的监管规则，在涉及公路使用和运输经营领域的法规政策制定时，应当充分保证与其他部门政策的协调性。

二是积极引导社会公众广泛参与。社会公众对自动驾驶的认知，对于自动驾驶的推广应用具有重要影响。立法时应当充分引导公众参与立法工作，以便其了解自动驾驶技术发展状况，以及未来商业化运营可能对其出行产生的影响，也推动行业领域自动驾驶更快落地应用。

7.2　对交通法规制修订的具体建议

7.2.1　自动驾驶开放式道路测试阶段

该阶段是自动驾驶道路测试的后期阶段，是自动驾驶车辆进入商业化运营之前的关键准备阶段。

在公路方面，需及时清理《中华人民共和国公路法》《公路安全保护条例》中阻碍自动驾驶车辆进入开放道路进行测试的相关条款。

在道路通行规则方面，需及时清理《中华人民共和国道路交通安全法实施条例》中阻碍自动驾驶车辆进入开放道路进行测试的相关条款。

此外，在相关配套标准制定、制度建立方面，为自动驾驶车辆可以顺利登记上路，需及时修订现行的《机动车运行安全技术条件》（GB 7258）、机动车整车出厂合格证明标准、现行机动车第三者责任强制保险制度和修订现行机动车国家安全技术标准。

1）公路设施

（1）通过《中华人民共和国公路法》修订，允许公路通过依法审批可以作为试车场地。

（2）修改《公路安全保护条例》中关于"试车场地"的规定。

2）道路通行规则

修订《中华人民共和国道路交通安全法实施条例》中的高速公路通行禁止"试车或者学习驾驶机动车"的相关条款。

3）配套标准制度

（1）修订现行的《机动车运行安全技术条件》（GB 7258）。

（2）修改机动车整车出厂合格证明标准。

（3）修改现行机动车第三者责任强制保险制度。

（4）修改现行机动车国家安全技术标准。

7.2.2 自动驾驶商业运营初期阶段

在自动驾驶车辆基本完成道路测试基础上，该阶段开始迈向自动驾驶道路基础设施建设，以及自动驾驶车辆整车制造商业化的阶段。为了迎接自动驾驶车辆大量进入公路通行的下一个阶段，该阶段将开始培训自动驾驶车辆驾驶人技能、制定自动驾驶环境下交通事故处理办法。同时，面对逐渐增多的上路通行自动驾驶车辆，本阶段需解决人工驾驶车辆、自动驾驶车辆大量混行环境下的道路通行规则问题。

1）公路设施

相较于公路主体设施的大规模建设，该阶段最先迎来的将是新型公路附属设施的大量建设。为此，为了保障道路通行安全，需在《公路安全保护条例》中扩充公路附属设施检查养护的设施范围。此外，在配套的标准制定、制度建立方面，需针对公路建设、养护等方面及时作出修改和修订。

（1）公路附属设施养护。

扩充《公路安全保护条例》中公路附属设施检查养护的设施范围。

（2）配套标准制度。

①编制或修订适用于自动驾驶场景的公路工程技术标准。

②修订相关道路勘察设计单位的资格要求。

③建立自动驾驶相关公路附属设施审批制度。

2）机动车装备

为了保障自动驾驶车辆的道路通行资格，需在该阶段制定针对自动驾驶车辆的国家安全技术标准。

3）机动车驾驶人

为了迎接自动驾驶车辆大量进入公路通行的下一个阶段，该阶段将着力修订《中华人民共和国道路交通安全法实施条例》中有关机动车驾驶人的相关条款，以解决自动驾驶环境下机动车驾驶人是否具备驾驶机动车上路通行的资格问题。同时，面对数量逐渐增多的自动驾驶相关交通事故，也为了提前保障人工驾驶机动车、自动驾驶机动车、非机动车以及行人等多方面的生命财产安全，该阶段将适时修改《中华人民共和国道路交通安全法实施条例》中有关交通事故处理的事故当事人责任主体认定部分。在此基础上，本阶段将开始培训自动驾驶环境下机动车驾驶人的技能水平。与之相配套的，本阶段将修改机动车驾驶证考试内容和条件的规章，调整适用于不同自动驾驶车辆等级特征的培训内容。

（1）机动车驾驶人上路资格。

修改《中华人民共和国道路交通安全法实施条例》中有关机动车驾驶人的相关条款，完善驾驶人在驾驶资格申请、驾驶技能学习、驾驶证考试、实习驾驶期、驾驶违法处罚等方面的条款。

（2）交通事故处理。

修订《中华人民共和国道路交通安全法实施条例》中的有关交通事故处理的事故当事人责任主体认定部分。

（3）配套规章制度。

①修改机动车驾驶证考试内容和条件的规章。

②调整适用于不同自动驾驶车辆等级特征的培训内容。

4）道路通行规则

本阶段自动驾驶车辆逐渐开始上路通行，需根据试点推行情况逐步修订《中华人民共和国道路交通安全法》中有关道路通行规则的相关条款，修订《中华人民共和国道路交通安全法实施条例》中有关道路通行规则、高速公路道路通行规则的相关条款。

（1）修订《中华人民共和国道路交通安全法》中道路通行规则相关条款。

（2）修订《中华人民共和国道路交通安全法实施条例》中有关普通道路通行规则的相关条款，包括道路通行区域规则、道路通行速度规则、道路通行避让规则、道路通行禁止规则。

（3）修订《中华人民共和国道路交通安全法实施条例》中有关高速公路通行规则的相关条款，包括道路通行速度规则、汇入驶出避让规则、道路跟驰规则、恶劣天气通行规则。

7.2.3 自动驾驶商业运营中期阶段

该阶段自动驾驶车辆和人工驾驶车辆大量混行,自动驾驶车辆所占市场份额达到50%。

公路设施方面,新一轮智慧公路基础设施建设养护进入高峰期,自动驾驶相关的公路主体设施、附属设施的建设养护亟待标准化、规范化。

机动车装备方面,自动驾驶车辆生产需求旺盛,自动驾驶车辆种类繁多、使用频繁,因此,亟须为自动驾驶车辆制定专门标准,建立专门标准审核制度,设定专门的机动车第三者责任强制保险机制。

在机动车驾驶人方面,该阶段需加强对驾驶车辆的安全检查,因此,需完善机动车安全检查的责任主体方要求,调整完善安全技术检查的内容明细。

在道路通行规则方面,针对不同类型的道路场景,需制定专门的自动驾驶道路交通安全法实施条例,明确不同技术等级道路,不同车辆混行场景下的道路通行规则。

在收费公路管理方面,适时调整自动驾驶、人工驾驶混行道路的收费办法和收费标准,针对自动驾驶专用道路,制定相关收费办法和收费标准。

在道路运输经营方面,面对增长旺盛的自动驾驶机动车维修业务,以及人工驾驶机动车的自动驾驶改装维修业务,需对机动车维修的管理制度、技术规范、从业标准予以标准化、规范化,避免无序发展。与此同时,面对自动驾驶人培训的常态化,《机动车驾驶教学与考试大纲》需予以调整和规范。

1)公路设施

(1)专用道路。

在《公路安全保护条例》或相关办法中添加自动驾驶相关的专用公路管理内容。

（2）配套标准机制。

①修改相关道路硬件设施的规划建设设计标准。

②修改相关道路交通信号设计标准。

③修改公路主体设施养护技术标准。

④修改公路附属设施养护检查规章。

⑤建立自动驾驶公路定期监督检查机制。

⑥建立相关公路附属设施的定期检查机制。

2）机动车装备

（1）制定自动驾驶车辆的"机动车整车出厂合格证明"技术标准。

（2）建立自动驾驶机动车整车出厂合格审核机制。

（3）制定针对自动驾驶车辆的国家安全技术标准。

（4）修改现行车辆购置税办理办法。

（5）设立自动驾驶车辆第三者责任强制保险机制。

3）机动车驾驶人

（1）完善机动车安全检查的责任主体认定办法。

（2）调整完善机动车安全技术检查的内容明细。

4）道路通行规则

制定自动驾驶道路交通安全法实施条例，明确不同技术等级道路、不同车辆混行场景下的道路通行规则。

5）收费公路管理

（1）调整自动驾驶、人工驾驶混行道路的收费办法和收费标准。

（2）制定自动驾驶专用道路的收费办法和收费标准。

6）道路运输经营

（1）建立自动驾驶机动车维修管理制度。

（2）建立自动驾驶机动车维修质量保证期制度。

（3）制定自动驾驶机动车维修技术规范。

（4）制定自动驾驶机动车维修经营业务标准。

（5）修订《机动车驾驶教学与考试大纲》。

7.2.4 自动驾驶商业运营后期阶段

该阶段，自动驾驶车辆成为路面驾驶车辆的主流，所占市场份额逐渐超过人工驾驶车辆。

在公路设施方面，公路主体设施的规划设计已经逐渐进入尾声，随之而来的是公路主体设施养护的旺盛需求。因此，需制定专门的自动驾驶道路主体设施养护章程。与此同时，需在《公路安全保护条例》中明确公路设施损坏行为的处罚责任主体内容。

机动车装备和机动车驾驶人方面，已在商业运营前中期进行了大量法规条例的制定修改，本阶段主要以局部条款的修订工作为主。

收费公路管理方面，一方面修改人工驾驶、自动驾驶混行道路的联网收费办法，另一方面制定自动驾驶道路的联网收费办法。

在运输服务经营方面，随着自动驾驶技术的成熟以及相关法律制度的建立完善，运输服务经营迎来了蓬勃发展。本阶段需修订现行《中华人民共和国道路运输条例》中有关从业人员申请条件以及连续驾驶时间要求的相关条款，需制定符合运输服务要求的配套国家技术标准和安全生产管理制度。

1）公路设施

（1）修订《公路安全保护条例》中有关公路设施损坏行为的处罚责任主体认定部分。

（2）制定自动驾驶道路主体设施养护规章。

2）收费公路管理

（1）修改人工驾驶、自动驾驶混行道路的联网收费办法。

（2）制定自动驾驶道路的联网收费办法。

3）道路运输经营

（1）客运经营。

①修订《中华人民共和国道路运输条例》中有关客运经营从业人员申请条件的相关条款内容。

②修订《中华人民共和国道路运输条例》中关于连续驾驶时间要求的条款。

③制定符合客运服务要求的安全技术国家标准。

④制定符合客运经营从业要求的车辆检测标准。

⑤建立客运经营安全生产管理制度。

（2）货运经营。

①修订《中华人民共和国道路运输条例》中有关客运经营从业人员申请条件的相关条款内容。

②修订《中华人民共和国道路运输条例》中关于连续驾驶时间要求的条款。

③制定符合货运服务要求的安全技术国家标准。

④制定符合货运经营从业要求的车辆检测标准。

⑤制定货运经营安全生产管理制度。

（3）站场经营。

①制定道路运输站（场）经营业务操作规程。

②建立道路运输站（场）经营业务安全管理制度。

参 考 文 献

［1］李磊.论中国自动驾驶汽车监管制度的建立［J］.北京理工大学学报（社会科学版），2018（2）:124-130.

［2］王霁霞，符大卿.自动驾驶汽车道路测试的法律规制［J］.行政管理改革，2019（8）:37-43.

［3］刘会春.从美国立法经验看我国自动驾驶汽车法律制度的建设［J］.重庆邮电大学学报（社会科学版），2020（5）:35-42.

［4］李烁.自动驾驶汽车立法问题研究［J］.行政法学研究，2019（2）:104-113.

［5］张韬略，蒋瑶瑶.德国智能汽车立法及〈道路交通法〉修订之评介［J］.德国研究，2017（3）:68-80.

［6］许中缘.论智能汽车侵权责任立法——以工具性人格为中心［J］.法学，2019（4）:67-81.

［7］马库斯·毛雷尔，克里斯琴·格迪斯，芭芭拉·伦茨.自动驾驶：技术、法规与社会［M］.白杰，黄李波，白静华，译.北京：机械工业出版社，2021.

［8］张永伟.自动驾驶应用场景与商业化路径［M］.北京：机械工业出版社，2021.